日本之路

撰文、攝影——小林紀晴　譯——江明玉

JAPANESE ROAD

KOBAYASHI KISEI

台灣經典版特別專序

十七年前的旅行

構成這本書的旅行，始於一九九七年秋天，距今已十七個年頭。認真想想，現在已跨過四十大關的我，當時才二十多歲，還很年輕。

事情起於某一天，集英社的男性時尚雜誌《*MEN'S NON-NO*》一名我不認識的女編輯突然與我聯絡。這名編輯是比我小幾歲，當時也才二十多歲的H小姐。「我們想在這本雜誌裡開一個小林先生專欄。」H小姐唐突地說，「如果您同意的話，我這就去向總編輯提案，讓企劃開跑。」她的提議我當然是很高興，但內心卻暗自認為這個企劃是不可能實現的。

因為《*MEN'S NON-NO*》是刊登著帥氣模特兒穿戴時髦的衣著所拍出的精緻照片之時尚雜誌，簡單來說給人的印象就是「時尚滿點」，像我這種背著一個破背包行遍各地的野人，總覺得自己的照片與文章是與這雜誌氣場不合的。

我雖然覺得最後應該會無疾而終吧！卻也被H小姐的熱情推著走，兩人開會討論了好多次。H小姐希望我能每個月，或是隔月走一趟亞洲各國，拍攝每個城市裡的年輕人，訪問他們現在所關心的事情，以照片與文章構成「當代亞洲」的切片，刊載在他們的雜誌上。

這個企劃是滿有吸引力的，但我想做的卻是另一件事。因為在此之前，我已經為別的雜誌每個月去亞洲各國採訪，這個連載也已經進行了近一年，當時我幾乎每個月都會去東南亞，拍攝並訪問當地的市井小民，因此這個提案恐怕跟那個專欄重複，再加上一年之中有一半的時間都不在日本，長久下來我已萌生做些別的事情的想法。「這次我想在日本旅行。」當我這麼說，H小姐難掩意外之情。

這並不是天馬行空。我二十三歲時辭掉了報社的工作，此後一直都在亞洲各地旅行，並拍下旅途中遇見的日本年輕人，這些作品集結成書，成為我的出道作。之後，我拍攝當地人的作品也集結成冊出版了攝影集，這些都自然而然地給人我專拍亞洲的印象，我猜不只是H小姐如此，大多數人都這麼認為。實際上，我也確實很熱中於亞洲之旅，從小我就莫名地有在日本以外的亞洲各國旅行的想法。

只是我心中明白這也只是自己多種想法的一個部分，而想在日本旅行，也包含了那是一趟尋找全新自我的旅行之意義。

有一件事情，是觸發我想在日本國內旅行的契機。在見到H小姐之前，我人在台灣。在台北待了一陣子之後，我前往了港都基隆，為的是那裡有條定期往返沖繩石垣島的海運航線。我從日本到台灣時是坐飛機，回程想改搭客船。搭船回家對我而言是很有魅力的一件事。

日本是個島國，所以要出國是不可能採陸路的，大部分人們都搭飛機，但其實也有幾條海路可行。這樣的想法，促使我曾經從長崎搭船前往中國的上海，但從那之後就沒有再搭船穿越國境的機會了。

深夜從海港出發的船，隔天早上隨著日出抵達石垣港，看到遠處的白色沙灘閃耀著光芒，心情非常新鮮舒暢，有種不是到日本，而是抵達一個未知異國的錯覺。在此之前，我從未曾去過沖繩。

我當下有個新發現，原來石垣島比台灣的基隆緯度更低，換句話說，船是往南走的。我非常訝異原來日本有地方位在比台灣還要南方之處，同時也發現自己還有好多好多不知道的事情。

事實上日本有很多地方我都不知道，也不怎麼感興趣，比起日本國內，我的眼睛一直都朝著外國探索。學生的時代，我曾造訪過日本東北、北海道等地，但是對於西日本我可以說是完全陌生，大阪以西的地方幾乎沒去過，沖繩、四國的土地一步也沒踏上。因為這個理由，我突然好想在自己出生的國家旅行。

而《*MEN'S NON-NO*》向我提案正巧是這個時期，因此我當場回答說：「我想在日本旅行」。東南亞、台灣、沖繩，以及再之前的九州、本州、北海道等亞洲各地確實是以海相連結，全都可以想成我是在亞洲的延長線上旅行。

本來我以為這個企劃不可能實現，但最後在H小姐的努力下竟然通過了。之後我才聽說，當時的總編輯剛從別的地方調過來，希望能夠做一些「有熱情的單元」，而我的想法剛好與他一致，真的是很幸運碰上這樣的時機，如果不是這兩位，這趟旅行恐怕就不會成行了吧！

我再度前往沖繩的石垣島，從那裡展開《日本之路》的旅行。換句話說，在台灣之旅後，我開始花了一整年的時間在日本旅行。從石垣島到沖繩本島也是搭船，從船上望向海面，我有一種要前往未知國度旅行的感覺，打從心底感到開心。我走過九州、四國、山陽、山陰、關西、東海、東北，最後來到北海道最北方的小鎮稚內，在這裡完成了這趟旅行。日本是個小國，但整個日本列島的南北分布很長，氣候變化很大，住山邊與海邊的人，氣質也非常不同；這些種種緩和如漸層般的變化，我在一趟旅行中迅速體驗。

最後，我住在東京都心裡的飯店，從那兒往窗外望去全是高樓大廈。一直這麼看著，會忘了自己身在何處，有種確實完成了一趟旅行的踏實感。

若問我旅行到最後學到了什麼，老實說，這樣的旅行告訴我，我有好多事情都不知道；只是花了這樣的時間，還有好多好多東西我根本沒有辦法接觸；我強烈地感覺到，原本我以為自己了解日本這個國家，其實我根本對它一無所知。所以這趟旅行最可貴的地方，應該可說是我終於發現了這些理所當然之事吧！

現在，我大多時間都在拍日本各地的神社、聖地所舉行的祭典、儀式、祭祀等等，這大約是自五、六年前開始的，兩年前我拍攝的這個主題之中有張名為〈遠方來的舟〉的作品還得了獎，這個主題至今我仍致力在進行當中。

因此，十七年前所拍的這本《日本之路》的旅行，現在我仍在路途中。

二〇一四年十二月

小林紀晴

雖然生在日本，有時卻覺得自己很不瞭解這個國家，那就像是自己其實不大瞭解自己一樣。也許是因為身為日本人，又在這個國家生活，就像是呼吸空氣般理所當然，讓人不會意識到吧？

然而現在，我覺得自己似乎能夠稍微客觀一點，而且保持點距離來看它了。因為在過去五年多裡，我不斷在亞洲與日本之間旅行。泰國、越南、寮國、印度、尼泊爾、中國、印尼……，在各個國家，邂逅各式各樣的風景，走過許多道路，睡過許多旅舖，將自己置身於大量的人來人往中。

但是，在旅途中我感受到不管到多遠的地方、花費多少時間，旅行一定有終點，有個終將歸返之處，而那歸返之處無疑就是日本。不管走得再遠，都離不開那本燙著「日本國」金色字體的護照。

就在幾個月前，我體驗到這本護照瞬間變成一本不過是蓋印用的小冊子。我從台灣搭船到沖繩的石垣島。只是通過了簡單的海關，眼前卻瞬間變成了日本。當時的感覺就像是回過頭去，亞洲還在波浪中搖盪，眼前卻已經橫亙著日本這座巨島。頓時，心中有了在這縱長列島上旅行的強烈想望。

我想，這樣的念頭必定來自於過往的一段經歷。十幾年前，當我還是一所群山環繞的縣立高中的學生時，曾經突如其來地有股衝動，「想要離開這裡，想要到某處去」。

終於如我所願，來到了東京。在東京生活的日子裡，我又因為「想要離開這裡，想到某處去」，而不斷前往亞洲各地旅行。然後感覺像是在亞洲旅行時，猛然發現自己竟已踏上日本國土；也許是已經繞了一圈回來了吧！

接下來，我打算花上一年的時間在這個國家旅行，這應該也是想要離開這裡、到某處去的旅行的延伸吧！

旅途中會拍下什麼照片、又會有些什麼念頭呢？唯一可以確定的是，我有預感不管去到哪裡，自己都會意識到東京這個城市，如同思考我在鄉下與東京所度過的歲月之間的差距。所以，這趟旅行或許在某方面有著自我確認的意義。

啟程時望著眼前的海，我心裡想著：希望當這趟旅行結束時，能夠看清日本這個國家的一點輪廓。

從南到北，隨著季節變化，我想離開這裡到某處去，開始一趟新的旅行。

C O N T E N T S

沖繩
OKINAWA
IN AUTUMN

東海

HIGASHISHINAKAI

每天都是陰天，
今天往西表島的渡船因為強風取消。
我才知道原來這個時節的天氣都不太好。
小鎮像是黏在地上般，光線既不擴散，也沒有移動，
只是以灰色塊狀的樣子靜置在那裡。

遲遲無法從這座島離開。
往西表島的渡輪今天又取消了。
我只好放棄前往西表島，決定搭晚上的定期船班去那霸。
好不容易抵達鎮外的乘船處，
卻聽說船會晚三個半小時。
把行李放在長椅上，再往鎮上走去。
風很大，有時大到讓人睜不開眼。
坐在空蕩的速食店內，呆望著窗外，喝著咖啡。
從眼前慢慢駛離的車子，稀稀落落而過的行人身影。
為了打發時間，進了一間小電影院。
裡頭盡是中小學生，我坐在最後面的位子。
看了迪士尼的《鐘樓怪人》。
結束之後，往乘船處走去，
看到遠方有艘很大的白色船隻。

眼前碼頭的盡頭就是陰暗的海。
白天的時候，明明是一片綠光明亮的海，
卻逐漸變成深沈的顏色，最後化為一片陰暗。
想了一下時間流逝與色層變化的關係。
再次覺得對在群山圍繞的環境中長大的自己來說，
陰暗的海真的很可怕。
知道有漁夫在這陰暗中出海捕魚，
像是聽到遙遠陌生的異國民族的事。
我的腦中浮現了山的陰暗與海的陰暗。
思考著哪個比較可怕，有多可怕，以及為什麼會覺得可怕。
終於想出來的結論是海。
因為海是液體。
陰暗的液體。

STEAM
BATH
STEAM BATH
スチームバス東洋

那霸的街道很像台灣台北的街道。
今天，突然有這樣的感覺。

搭巴士來到胡差。
第一次見到這樣的日本風景。
首先是鎮上的色彩感覺讓人吃驚。
房子的牆壁有粉紅色、綠色、橘色、黃色……。
喝醉的美國大兵，
朝著電線桿擺出空手道的架式踢了一腳，
撿起掉在路上的月曆。
歐吉桑在旁邊一直站著不動。
買了木刀的美軍夫婦，太太是東方人。
風景偶爾不大融洽，
但是依舊連結在一起。
沖繩蕎麥麵店隔壁有賣三明治的 Subway，
Subway 旁邊的混凝土已經壞朽、發霉。
前面是生鏽的紅綠燈，
停著一輛鮮黃色的駕訓班練習車。
路上一群少年圍著台小型遊戲機，
旁邊是吃著洋芋片的少女們。
活著的房子，死去的房子。

第一次看鬥牛。
當地人像打舌般響著的語言，
聽起來帶著點瘋狂的氣息。
許多老人額頭上綁著頭巾，
直盯著場中央。
場中央總是有牛在那兒。
而且牛正鬥著。
自己也坐在濕得像泥般的紅土上後，
就覺得這裡不是日本，而是某處，
置身於某處，而且是過去的風景當中。
每個人都看著一個圓，
凝視著跨越時空的圓。
在榕樹的氣根下，
只有人們像是朝著牛叫喊般的
「Hi-ya Hi-ya」喊聲，
不斷地刺向中心。

颱風季節外的大型颱風，以時速二十五公里、瞬間風速六十公尺的速度北上的消息，從坐在長椅上的老人身上的收音機傳了過來。而且還發佈了海上颱風警報。只不過，那颱風早已經過了這裡。「北上」對這裡的人而言，不是指接近，而是指遠去。

那片海就在我面前。烏雲密佈的天空下，變得漆黑的海面無盡寬廣。昨天早上，我也來過這有船前往離島的碼頭，打算從石垣島這裡搭一個小時多一點的渡船到西表島。結果因為風浪太大，船班取消。今天再來，他們剛剛告訴我，船班還是取消。

季節已經接近冬天，風卻還是暖暖的。吹著這樣的風，盤算著接下來的行程。為了到西表島，我在這兒已經等了兩天，不想再繼續等下去了。

最後，我決定放棄前往西表島，改往石垣島海域的小島──竹富島。往那裡的渡船沒有取消。整座竹富島幾乎都是由隆起的珊瑚礁形成，環島一周約九公里。沿途不斷地被大浪推擠，好幾次被拋上了浪頭，我搭的渡船往竹富島一路前進。

「住這島上的人，沒有一個我不認識的。」眼前的她輕描淡寫地說。我問這島上大約住了多少人，她迅速地回答兩百七十人之後，隨即加上這麼一句。

我到竹富島來後第一個遇到的人──二十七歲的島仲彌生。她在島民自己經營的工廠裡織布，完全手工作業。織的是島上傳統的織品芭蕉布。

「這裡所說的芭蕉，指的是香蕉樹莖的纖維。葉子很大的那個。」她指著窗外告訴我。

翠綠色的葉子在那裡搖晃著。我第一次知道，原來日本有香蕉樹。

「自己砍樹、紡線、染色，然後織布。」

她說，自己在這島上出生長大。只有幾年去京都學染織，之後再回到這裡。而朋友裡頭有八成都離開這島了。

「這島上也有四季嗎？」看著窗外的香蕉葉，我問她。

「一年到頭氣溫都沒什麼變化。但秋天一到，就會有燕子飛來。海的顏色會隨著夏天、冬天改變。夏天，海會變成十分明亮的綠色；冬天則是接近黑色。秋轉冬的這時節，會像這樣，連續幾天壞天氣。」

「妳喜歡哪個季節？」

「三月到四月。那時期幾乎沒什麼濕氣，氣候最宜人。」

我告訴她，來這途中風大浪高。

聽我這麼說，她又開口了：「這地方的人，用肌膚就感覺得到颱風了。」

「感覺？」

「沒錯，每次都等到颱風已經過了八重山（包括石垣島、竹富島、西表島諸島），電視、收音機才開始報颱風的消息。看到電視報導的時候，颱風早就已經過了。所以，這裡是憑著樹葉的搖晃程度、海浪、濕度，還有夕陽的顏色，來感覺颱風是否已經接近。」

原來有人可以像這樣感覺、觀察我所無法感覺到的事。望著她的眼睛，我心裡想，這裡離東京真的很遠。

再次回到石垣島時，在島北邊的營地遇到一個旅人。二十八歲的宍戸通浩。為了避開海上吹來的強風，他把帳篷搭在沙灘的樹底下；人就倚著停在帳篷前的摩托車，讀著文庫本。他說，在這裡紮營已將近一個月了。四個月前，他辭掉工作，從北海道騎摩托車南下，開始了這趟旅行。

「從山上往海邊騎下來時，會突然聞到股海潮味；這時候，不知道為什麼總是會很開心。」

他這樣描述摩托車之旅的魅力。他的旅行總是有海相隨。鄂霍次克海、日本海、東海。

在帳篷旁的樹上斜靠著一根釣竿。問他能釣到些什麼？

「是能釣到一些顏色鮮豔的熱帶魚，但是不管怎麼用味噌、醬油調理，都還是乾乾的，不好吃。能吃的只有貝類。」他苦笑著說。

望著眼前這片讓他抱著期待下竿的海，他說：「從北海道沿著日本海側，一路來到這兒，我發現海真的是不一樣的。」

「怎麼不一樣？」

「鄂霍次克海從頭到尾都是種寂寞的顏色；日本海感覺很緊繃；而這邊的海很柔和。雖然只是我自己的感覺，鄂霍次克海的海風粗糙而刺寒，這邊的則是細緻而柔和。」

他頭上綁的花頭巾隨著海風飄揚。問到這趟旅行當中自身的改變，他說：「來到這兒，漸漸沒有什麼物慾了。以前很講究車子、衣服，但現在覺得只要有食物、酒跟

パイン
350円
JA 熊本小川
送り先
パインアップル

書，也不需要其他東西了。一定是因為已經不再焦躁了吧！」

旅行，改變了他內在的某個部分吧！

過了幾天，颱風已經遠離的深夜裡，我又來到了港邊，打算搭渡船到沖繩本島。

然而船一直沒來，遲了大約三個半小時。我呆望著陰暗的海面。黝黑而大量的液體搖盪著。

船出發的時候，已經將近晚上十二點。二等艙鋪著榻榻米的窄小房間裡，擠著七個大男人。

在我對面，坐著一個五十歲左右曬得烏亮的男人。

「我有事要去長崎。這是我第一次去內地……。」

「第一次，是指出生到現在第一次嗎？」

我重複了一次他的話問他，他有點不好意思地點了點頭。內地指的是沖繩以外的日本地區。他不曾踏出過沖繩一步。

原來他是石垣島的漁夫。

「當漁夫最好的就是啊，可以比誰都還要早吃到新鮮又好吃的魚。」

曬得黑黑的臉上害羞似地皺了起來。接下來，我聽了很長一段時間，關於海、魚，還有捕魚的事。真的是非常了解海的一個人。

他說，最近在捕雜魚，準備拿來當鰹魚餌，希望可以盡量活捉。

「用死掉的魚餌，鰹魚是不會高興的。」

這句話冷不防地打動了我。我想這是親身體驗過的人才說得出來的話吧！

沖繩初冬的海，不曾明亮過。眼前的海各自延展。有多少人，就存在著多少種海。

我看著這洶湧的波浪，與被風撩起許多白沫的海，感覺它是如此巨大、如此茫漠，令人覺得恐懼。

漸漸地，我在海這液體上，進入夢鄉。

島仲彌生

Yayoi Shimanaka 27歲 織品工藝家

在竹富島的竹富民藝館中，
遇到了在織布的她。
織的是被視為傳統工藝的芭蕉布。
芭蕉布是從香蕉葉取出的纖維。

「一邊做些織布前的準備，
一邊想像要織什麼布，是件快樂的事。
我從紡線的階段開始作業，
所以，光是事前準備，就佔掉七成的時間。」

「雖然之前在京都待過，
但在這裡，感覺可以比較順利。
工作的步調、材料取得的容易與否，
還是這裡最好。」

「看我母親總是在家裡織布，
讓我不禁也想要自己試試。」

「從京都回來後，我開始懂得細微的季節變化。
這裡只有一種樹會轉紅葉。」

「一年之中我最喜歡三、四月左右的季節。
因為濕氣比較低。」

宍戸通浩

Michihiro Shishido 28歲 旅行者

我在遠離石垣島市中心的露營區遇到他。
他在辭掉工作之後，就從橫濱出發，展開旅行。
起初先往北海道，之後一路南下。
接下來打算再去與那國島。

「如果可能，我打算在沖繩找個工作。」

「我一路搭帳篷旅行下來，
已經練就早上一醒來，
不看外頭，只聽到蟬叫就知道是晴天的能耐了。」

「這營區有各式各樣的人。
有離家出走、家裡報警後被帶回去的女孩。
有已經待了四個月的人。也有人從這裡去上班。
他們還找我一起去，土木相關的工作聽說一天可以領7500日圓。」

鹿兒島
KAGOSHIMA
熊本
KUMAMOTO

天草灘
A K U S A N A D E

登上熊本城的石梯。
昨天聽人家說，
一位過去熊本城城主細川氏的後裔、
24歲的年輕人，
前幾天才出發去印度。
「聽說他在印度跳舞。」
那人這樣告訴我。

來到港邊，突然聞到一股海水的味道。
渡船乘船處前，排著長長的計程車。
其中幾個司機將椅背倒下，趁機打盹。
我看著這樣的光景，
在一間塗著紅色的拉麵店裡，唏哩呼嚕吃著拉麵。
遠方發出叮叮咚咚聲響的市營電車，
步行般地駛離。
喜歡市營電車那已褪落、像是人們膚色的塗漆。

吸著烏龍麵。湯的味道淡了些，不過麵有嚼勁，好吃。

與在東京吃到的烏龍麵明顯不同。

我想到「脫俗」與「土氣」這兩個詞。

在一片土地上生活，被它徹底滲透，將之納含其中。

在這裡，我遇到了生活與土地密不可分的人們。

窗外，不動的風景。竹林。削掉一半的山表。
無人車站的候車室，生鏽的圖釘留在三夾板牆上。
列車進站後，穿制服的高中生從遠處跑來。
到他跑進月台之前，列車就這樣，一直等著。
店裡的電視不斷播著不知在何處舉行的馬拉松場面。
沿著曲折小路走了一個小時，終於找到烏龍麵店。

來到港邊，突然間聞到股海水味。初冬，有點泛黑的海彼岸，櫻島在風中。第一次看到櫻島，比想像中的巨大，且安然自在。我望著它，搭上往櫻島的渡船。

昨天，在這鎮上遇到的女生跟我說：

「我喜歡秋冬交接、現在這時節的櫻島。走在鎮上，偶爾從道路或建築物的縫隙瞥見，就會覺得『啊，今天的櫻島真漂亮』，而看得出神。」

聽說，夏天的風朝市內吹，所以會落下些火山爆發時的灰燼。現在這季節，風則是朝著反方向吹。的確，從島的右端升起的噴煙，正朝島的另一邊慢慢飄去。

渡船出航之後，我上了甲板，從正面凝視山表。島的沿岸並列著一排民宅。我這才知道櫻島上頭也住著人。快抵達櫻島時，一位年輕的女孩眼睛直盯著海，朝這邊跑來，好像在海面上尋找什麼。

「剛剛，我看到海豚。海豚在海裡游。你沒有看到嗎？」幾乎快喘不過氣來的聲音。可惜，我沒能看到海豚的蹤影。

來到這小鎮，我想起一個年輕人。幾個月前，在亞特蘭大奧運的足球賽中擔任隊長的前園真聖。鹿兒島就是他出生長大的地方。從看到他滿臉未刮的鬍渣跟骨架粗壯的體格開始，我就一直好奇他是在哪裡出生長大的。野孩子般的外貌，眼睛裡的某種神采，至少是東京人所不曾具備的。他在接受《*Number*》雜誌（四〇六期）訪問時曾經這麼說過：

「奧運結束後，我常常這麼想——之前，我一直都是個腦子裡只有足球的鄉下小鬼。即使成了職業選手，我也只要想著自己與老家母親的事就夠了。」他接著說：「現在沒辦法像以前一樣，照自己想法簡單決定自己的事……。這真的滿令人害怕的。」

突然浮起一個念頭，想去看看他高中母校的足球社學弟們。我想知道，他們看到熟悉的學長出現在電視廣告中氣宇軒昂地走著，有什麼樣的感覺？而他們如何看待現在的自己與前園真聖間的關聯？

鹿兒島實業高校位於可以眺望櫻島的高地上。三年級的中原進兒在足球隊裡擔任的攻守位置跟過去前園一樣，大家都叫他小前園。

「我唸小學五年級的時候，鹿兒島實業高校得了亞軍，當時前園學長是二年級的學生。從那之後，我就一直很崇拜他。之前，我崇拜的人是馬拉度納，後來就變成前園學長了……。」

他用不疾不徐的口吻輕輕說著。木訥的措辭語調，完全表露了他的性格。當我問到前園為何吸引他時，他先提了傳球時的速度跟踢球時的勁道，後來又說：「前園學長也不是很高，這一點覺得自己跟他很像，所以才喜歡他吧！他是我們的驕傲。不過我也沒把握能夠變成他那樣……。」

他說，進了大學之後，將繼續朝成為職業足球選手的目標努力。接著，他帶我參觀了社辦。一踏進那裡，就聞到裡頭瀰漫的汗味。地上散亂著釘鞋與球、制服隨便攤在桌上，或掛在置物櫃上。

「對你來說，足球有什麼樣的意義？」

他想了一會兒。

「我想足球是我唯一能夠表現自己的方式。我不擅在人前說話，但如果是足球，我就能夠表現自己……。」他有點害羞地說著。

我用相機拍下了他。這個有著一雙好看眼睛的少年。臨走前，我問他：

「前園知道你嗎？」

「一定不知道。不過，如果可以讓他知道，那我會很開心。」

從西鹿兒島車站搭上火車，望著左邊的海北上。在海遙遠的一端，閃閃發亮的天草諸島一座又一座被拋向後方。

抵達熊本時天色已暗。在落腳處卸下行李後，馬上往熱鬧地方走去。市中心分「上通」與「下通」兩條街道，因為週末的關係，有很多年輕人聚在街上。我進到上通巷子裡某大廈二樓，一間叫「Genba」的舞廳。店裡除了到處貼著噴漆畫的圖與海報之外，空空蕩蕩。

在那裡，我遇到了一個大家都叫他喬治的人。他自稱是嘻哈幫（Hip Hopper）；並說，他第一次聽到嘻哈音樂時，震撼得有如腦漿被翻攪過一般。他是這間店的音樂製作人、平面藝術家，也是ＤＪ。

聊天時，他好幾次提到自己不打算離開這裡。他說，能有今天的自己，都是拜這地方上許多人所賜。

「不會想去東京或住在東京嗎？」

我這麼一問，他馬上搖頭。

「想去的人就隨他們去吧！我來讓熊本熱鬧一些。熊本要快樂有趣才行。這裡是自己的城市，也是自己住的地方，為什麼熊本的人得去東京呢？」

聽他這麼講也有道理。我跟他說，我是長野縣的人，不過現在住在東京。

「長野啊，前些時候我待過那邊吶！北佐久郡、小諸等地方……。」因為一份短期的工作，他在長野待了幾個月。

「那裡的人都去東京了吧！搭著火車。我覺得那個地方完了。」

「完了？」

不明白他的意思，我回問了他。

他解釋說，人一旦離開地方，地方就會喪失熱情。

「不會覺得不甘心嗎？自己的故鄉變成那樣……。」

他這段話，對我來說真是個衝擊。

幾個小時後，為了去搬大量的唱片，我們一起前往他家。他說，因為接著要到別家舞廳當ＤＪ，問我要不要一起去。我便跟著他一起坐上他朋友的車。

大約一坪半的房間裡，唱片堆積如山，幾乎沒有落腳之處。他非常敏捷迅速地從中挑選出他要的唱片。

終於將幾百張唱片堆進他朋友的後車廂，深夜裡，在我完全搞不清楚路怎麼走的情況下，車子朝某處的舞廳前進。時間早已過了深夜十二點。「東京是東京，紐約是紐約，熊本是熊本啊！沒有哪裡比較好，哪裡比較不好啦！」

在車子急速前進的深夜裡，他語氣堅定地說出這句話。

石坂環，二十六歲。她是熊本某家攝影工作室的攝影師。我從這家工作室所發行的情報誌《*NO!*》知道她。她在那裡發表了女性半裸作品，是能夠傳達出氣氛的明亮之作。

實際碰面之後，我才知道她長久以來拍攝的主題，跟發表的那些照片完全無關，而是水俣灣隔網內側的海中景象。所謂的隔網，是以前為了不讓受到水銀污染的魚兒游出灣外所架設的網子。

「小時候就常看爸爸到天草一帶潛水。所以，很自然地會想看看水俁的海變成了什麼模樣。」

她獨自在這海域潛過好幾次。她說，第一次潛的時候很害怕，只潛了一下就上岸了。

「之前對水俣的印象很不好，覺得那裡應該也沒什麼魚。我只是想讓大家看看，人類污染了魚兒的世界，殺了牠們，讓牠們葬身在死水爛泥裡的模樣。」

在她心中，在熊本生長與現在拍攝水俣的海中景象，是不可分割的兩件事吧！

第二天，我搭著普通列車，往需要花上幾個小時車程的水俣出發，因為很想親眼看看水俣的海。途中經過的車站幾乎都沒什麼人。在這些小小車站中，老人、高中生上車下車。列車停著的時候，常見高中生從窗口探出頭來，朝著遇到的朋友問道：「要去哪裡？」老人們飛快地講著有時候甚至讓人完全聽不懂的方言。我呆呆地聽。看著他們，我想，這裡每個人的生活，都跟土地有著密不可分的關係。不管是口音、味覺、山或海的氣味，還有肌膚所感覺到的。

我現在是絕對沒有那些東西的。這地方讓我領悟到，在東京生活也許就意味著讓那些東西漸漸變淡而消逝吧！

中原進兒

Shinji Nakahara 17歲 高中生

鹿兒島實業高校，足球隊隊員。
因為崇拜已經畢業的前園真聖而入學。
目前的攻守位置跟過去前園所擔任的一樣——左前鋒。
預定明年一月參加在東京舉行的高中足球員選拔賽。

「開始踢足球是小學一年級、7歲的時候。
會開始是因為哥哥也踢足球，
還有覺得馬拉度納很帥。」

「現在最想要擁有的是身高。
在隊裡我個子最矮，163公分。
這也是我會崇拜前園選手的原因之一。」

「今年春天，我就要去福岡唸大學了。
會繼續踢球，朝著職業選手的目標邁進。
有機會的話，希望可以成為職業足球選手。」

「要怎麼說……，也許這說法有點老派，
但足球可以說是我的一切。
能夠表現我自己，或說是我唯一的技能。
從小到現在，我就只會踢足球。
說白一點，像是個『只會踢足球的笨蛋』。
不太擅長在人前說話，
也不太會表現自己。
但如果是足球，也許可以表現自己。
像是自己與足球已經無法分割的感覺。」

內山錠次

Joji Uchiyama 26歲

我在熊本市內的舞廳認識他。
要簡單用一句話來描述他的職業有點困難。
舞廳的音樂製作人、平面藝術家、DJ，
他同時擁有這些頭銜。
現在正忙著準備幾天後在百貨公司頂樓舉辦的大型舞會。

「我以前也跳過舞。
中學快畢業時開始迷上DISCO
幾乎每天晚上都在那裡混。
每天晚上都去，去著去著舞技就好了。
去那裡的也都是一些很酷很炫的傢伙吧？
看這些人看久了，就會想自己也來跳跳看。
差不多18歲的時候，
熊本開了一家叫『CASH』的舞廳。
在那裡，我第一次知道嘻哈這東西。
第一次聽到的時候，簡直像腦漿被翻攪過一樣，
腦袋裡嗡嗡地響著。
也才曉得原來嘻哈是這麼回事。
在九州，講到嘻哈，
我可是第一把交椅。」

「我不認為熊本怎樣，東京如何。
熊本就是熊本，東京就是東京，
紐約就是紐約。」

「我可是很狂熱的，比誰都要狂熱。
這一點我絕對有自信。」

「大家都是鄉下人。
說鄉下人也許有點奇怪，
但是大家，大……家都很善良的。
嗯，就是善良。」

「我也滿喜歡自己這副模樣的。
本來，我是不喜歡說這些事的啦！」

中洲
N A K A S U

建築金物・家庭金物・工具
田中

傍晚，往車站走著走著，從鎮上及連綿山峰後頭，看到了夕陽。
不知燒著什麼的味道隨著煙飄了過來。
很像在亞洲旅行時，經常聞到的味道。
我想，那是屬於亞洲的味道。
於是我記憶鮮明地想起了幾年前，從這裡搭船往中國上海時的景象。

傍晚，我搭上了火車。
列車裡頭，攜家帶眷的一家人，落單的老伯，
還有一群高中生，稀稀落落地坐著。
繫著領帶的人一個也沒有。
泛著青藍色的日光燈平平地照在他們臉上。
窗外是漸漸暗下的微弱夕照，搖晃著。
車內與外面的光度最後終於逆轉；
在感到日光燈變得較亮的瞬間，
山坡上家家戶戶的燈光，
以宛如蠟燭的亮度，一點一點亮起。
東京所缺乏的其中一點便是黑暗的深度。
我看到了幾個人影，被黑暗這種不知其真面目為何的東西壟罩著。
將黑暗中的人物風景拍下，收入照片裡，是件困難的事吧！
軌道跟車輪接觸時，發出了鏗鏗的聲響。
這響聲也被黑暗所吞噬。

時空在這磨缽狀的城市裡交錯著。
彷彿經由它眼前的這片海，可以通向所有的大海。
天空的藍，是未曾見過的藍。
非常清澈卻又濃厚。
中華街附近的公園裡，一群男人下著象棋。
那風景與我在上海所見到的，異常相似。

LAUDATE
OMNES

第一次造訪的博多街道，隨處可見散落著東京少有的色調：黃色。黃色充斥這城市的每個角落，讓我覺得好像身處異國。馬上聯想到前幾天的一件事。在這裡，我跟一位幾年前在國外認識的朋友見面。他帶著我，連續吃了好幾家長濱的路邊攤。「博多是腹帶，撐著肚腰讓人精神滿滿。這裡可是日本的拉丁區。」

話越來越多的他，豪爽地笑著，說了這句話好幾遍。每當聽他這麼說，我就明顯感覺到這裡跟東京的差異。在他的推薦下，我第一次吃了豬腳。骨頭周圍有許多膠質黏附在上頭，非常黏。據說這是博多路邊攤很常見的菜色。我更覺得自己像是處在異國文化中。

他還跟我說，前幾天他搭了約三個小時的快艇去了韓國釜山一趟。

「去釜山跟去長崎是差不多的感覺。大家一起去吃尾牙。根本不覺得有什麼不一樣。」

這裡的人像是閒話家常般地談著異國。

第二天晚上我也去了這城市的鬧區，跟一位素未謀面的人碰面。他是我一個出生於博多現住在東京的朋友的朋友。他名叫K介——聽起來有點怪的這名字是藝名。他是個音樂人，主要在博多的Live House表演。

我們進了一家烤雞肉店。點了幾串烤雞肉後，一大盤高麗菜絲端了上來。在博多，高麗菜總是會理所當然地出現。

他在長崎出生長大，十八歲的時候為了升學來到博多；之後在這裡度過與長崎差不多的時間。

我問他這城市對他的意義，他想了一下。

「母親吧！」

「母親？」

「對，像母親一樣。扶養我長大的地方……。」

他說，在自己做的曲子當中，最喜歡的一首叫〈月之丘〉。之後，他寄了這首曲子的錄音帶給我。由那低沉渾厚的聲音所唱出來的歌詞中，雖然沒有具體的描述，但在我聽來怎樣都像是在歌頌著愛情般，吟唱著母親的事。

「你最想藉歌曲表現什麼呢？」

他先說，「也許是有點奇怪的說法……，」然後回答，

「愛吧！」

第二天，我去了市中心天神區某棟住商混合大樓裡的一個房間！牆壁、天花板、地板都漆成黑色，一面巨大的鏡子隨意掛在牆上。另一邊的唱機放著唱片，喇叭中傳出激烈的樂音，黑光燈讓四周散發出青白色的螢光。乍看之下以為是舞廳，其實這裡是間髮型設計工作室。

告訴我這地方的人稱它為「祕密髮型設計工作室」。的確，外頭完全沒有什麼招牌，客人幾乎都是口耳相傳介紹來的。即使如此，據說客人還是越來越多。

大村ボート
MB選手会会長杯
争奪戦競走(進入固定)
12月レース開催中
3・4・5・6・7・8
文明堂
PARLIAMENT
ゆとりのクレジット
アイフル
NMG
SAKAZUMI
アイフル
0120-2018

老闆叫做小黑，本名、年齡、出生地都是祕密！他堅決不肯說。不過，聽他的口音並非博多腔，而是有點接近關東地區的標準語。他說自己曾經得過某化妝品廠商舉辦的髮藝比賽第一名，不過，又說這種事情不值得一提。真是個像怪醫黑傑克的人啊！

他邊換唱片邊說：「也曾有那種完全不認識的人突然跑來，但我沒幫她剪頭髮。」照他的說法，是因為重視人與人之間的聯繫。他心中有幅靠著人與人的連結所構成的博多地圖。

就因為是個什麼都可以做的城市，所以博多的顏色是「全白」。那麼，東京呢？

「藍色吧！而且是漸層的藍。」

「什麼意思？」

「例如，即使有濃厚的藍色，也會因為城市過於巨大，而被沖淡，變得不顯眼，也無法從當中跳脫出來。但因為博多跟東京比起來要小，自己這黑色的存在在一片白色當中不是很顯眼嗎？」

可能小黑這名字，是希望自己在這白色城市中，能像個黑點一樣清楚存在而取的吧！

幾天之後，我出發前往K介的故鄉——長崎。在博多時，他說，「第一次來到博多的時候，看不到山，讓我很不安。」如他所說，在長崎，不管站哪裡，眼前都是海，然後回頭一望山就在後面。天空的顏色真的很藍，讓人印象深刻的藍。

走在這城市一隅，有時會覺得這裡簡直就是異國。中國、西洋、南方，還有日本的文化、時間、空間，就在這磨缽狀的城市裡交錯。中華街附近公園裡老人興致勃勃地圍著下象棋的樣子，與我在上海看過的景象未免過於相似。這裡處處都包含著各式各樣的風情。

在浦上天主堂附近的某修道院，我去見了一位修女。這也跟上海有些關係：兩年前，我從這城市搭船前往上海，在船上認識了一位朋友，而這修女就是那朋友的阿姨。村上和代女士。

她在中學三年級時因為想當修女而離家。因為家裡代代信奉天主教，從小就看父母親天天虔誠地祈禱。二十歲的時候，她正式入了修會。據說要成為修女，必須發三絕誓願：一是「絕色」（單身），一是「絕財」（不置私產），以及「絕意」（不持私意，唯主命是從）。

我很直接問她，那時沒有猶豫嗎？她說：

「我猶豫過。既然生為女性，總是會有想當母親的願望，而且也有可能會喜歡上異性吧！」

她張著大大的眼睛，安靜地直視著我，說出了這段話。那眼神與她的姪子，也就是我在船上認識的那位朋友一樣。

「當時，我感到很迷惘，一個人去教堂禱告。結果，眼淚不自覺地奪眶而出，腦海中只盤旋著一句話：『我不受任何事情阻擾，一定跟隨著主，奉獻所有。為了主愛，願意付出一切。』」

意思是，雖然我一個人什麼也做不到，但要是與神在一起，不管做什麼事，都是有可能的。為了神的愛，我願意付出一切。

這句話，據說是這裡的「主徒修女會」（Sister Disciples of the Divine Master）創立者（雅培禮神父〔Giacomo Alberione〕）所說的。她將那時候發生的事稱為「與神感應」。然後想，只要是與神在一起的話，這條路她就能一直走下去。

「愛神就是愛人。愛鄰人。因為人的心中有神。因為人是神所造的。」

她的話在教堂裡迴響著。彷彿在一片溫柔光輝中的她，靜靜地說，今天我們之所以相遇，也是因為有神的愛。好像是被某種巨大而溫柔的東西包裹住，我頓時不再有任何不安。

第二天，我造訪了被列為國寶級的古蹟——大浦天主教堂。然後聽到一群過去因為豐臣秀吉的鎮壓，而成為祕密天主教信徒的事蹟。在這祕密信奉的兩百八十年之間，不曾存在過一位傳教士。即使如此，信仰還是持續了下來。世界上可能從未有過同樣的事情。站在這事實之前，我的腦海中浮現出一句話，那就是「愛」。因為在旅途中，我直接從人的口中，聽到了這句像體溫般溫暖迴響著的話。

カラオケ
居酒屋
BUAISO
6F
5F
4F
3F
天神
信長
2F
天神
信長
1F
カラオケ
居酒屋
全22室
JOY SOUND
恋の浦

走在有著大紅柱的街道上。
用紅色筷子吃了盤炒烏龍麵。
在賣中國雜貨的店頭，
臨時起意買了一雙在功夫片裡常看到的黑布鞋。

K介

Keisuke 36歲 音樂人

以博多地區為主要活動範圍的音樂人。
碰面時，沒能聽到他的曲子與歌聲。
過了幾天，他寄給我一卷錄音帶，我才第一次聽到。
聲音非常溫柔；有時卻像是從心底深處扯出來般地嘶吼著。
他把離開博多、為了現場演唱而出的遠門，稱為「旅行」。
我聽他説了好一陣子，關於幾年前到印尼，以及住在當地的友人的故事。
「真想再去。真想再見到他們。」
這句話，他自言自語了好幾次。
那趟旅行中，他作了首曲子，叫〈神聖龍目島〉（Lombok Holy Island）。

「現場演唱這種東西，完全靠臨場的表現。
即使對第一次表演滿意，也不見得第二場就能成功。」

「是想對著誰唱？例如，以前的女朋友？還是朋友？
……我會邊想這個問題邊唱歌。」

「在現場演唱時，不管有多吵，或是只有一個觀眾，只要我知道
有認真聽我唱歌的人，我就滿足了，可以充滿自信地唱下去。」

「（最想用歌曲表現的是）這樣說，也許有些奇怪，『愛』吧！
不只是男人對女人的愛，也包含朋友之間的。
不論男女都一樣，另外就是對地球的愛之類。」

「狀況好的時候，光是走在路上，也能作出曲子。
腦中自然浮現旋律，
一小節一小節，
很多時候連歌詞也會一起出現。」

「福岡這地方出了很多（名）人，
所以彼此會有些競爭意識。
不過，從這兒出去的人，我並不會將他們視為對手。
從這裡出去的人，不都是些成為職業歌手的人嗎？
已經離開福岡的人，我才不管他們怎麼樣。
重要的是，在這個地方的人。
我想夾在這些人當中，繼續打拚下去。
在這圈圈當中，我才有競爭意識。」

「不管是掙扎、流淚、或歡笑都沒關係，
我希望為自己而努力。
因為我覺得為自己努力，應該也就是為別人努力。」

「希望有朝一日，能夠登上舞台體驗
那種凌駕一切、壓倒性的存在感。」

村上和代

Kazuyo Murakami 修女

中學三年級的時候，為了成為修女而離開家。
父母都是虔誠的天主教徒。
是浦上天主堂附近的「主徒修女會」的修女。
我從她那兒聽到，長崎曾有過鎮壓天主教的歷史。
不知道為什麼，聽起來不像是四百年前的事，
反倒像才發生沒多久。
不知道是否因為從她口中聽到的關係。
在她的帶領下，我進入了教堂。

「我是看著父母祈禱的樣子長大的。
他們不管在教會還是家裡，都會祈禱。
兩個人感情很好，我就在這樣的環境下長大。
所以希望為神、為人們做一些事。
才會有當修女的念頭。」

「20歲的時候，我決定正式成為修女。
這件事情我掙扎了很久。
畢竟沒有相當的覺悟，是沒辦法下此決心的。」

「不知道是不是可以稱做神蹟感應，
（在我為了未來煩惱的時候）曾經發生過這麼一件事。
我去找一位義大利導師。
結果，他跟我說：『妳先去教堂祈禱後再來。』
聽他的話，我去了教堂，
在沒有說任何話的情況下，竟然流下眼淚。
當時有句話一直在我腦海中盤旋。
創立我們這個修女會的義大利人所說的話。
那是一句祈禱詞，
內容是：『不受任何事情阻撓，一定跟隨著主，奉獻所有。
為了主愛，願意付出一切。』
我的腦海中，只有這幾句話一直盤旋。」

「我選擇了神，而不是一個男人。
其實如果要以女人的身分來過一生，我也可以選擇一個男人。
但是我選了神。
因為我想愛的，不只是特定一個男人，
而是所有的人。」

「客人就靠著口耳相傳越來越多。
『你頭髮哪裡剪的？』
像這樣順口問了朋友，然後跟著來。
例如，在某間店上班的女孩來這兒剪，
沒多久幾乎那家店的女孩就都成為我的客人了。」

「我想透過這裡傳遞訊息，
從這裡向東京、大阪傳遞訊息。
不見得是想成名，
但我隨時隨地有想從福岡傳遞訊息的念頭。」

「福岡不像東京分為澀谷、新宿等區，所以容易受矚目。
雖然（東京）可能比福岡有更多做著有趣事情的人，
（由此可見）我覺得要出線的機會更小。不顯眼。
如果在福岡，因為幾乎沒有人在做，
只要稍微有點成績，就可以出頭了。」

「現在我對亞洲有些興趣。
比起巴黎、倫敦，我對亞洲比較有興趣。
完全不造作的普通感很吸引我。」

小黑

KURO 髮型設計師

我來到他這間沒有任何招牌的髮型設計工作室。
房間裡頭，牆壁、天花板、地板全都漆成一片黑。

山陰
SAN-IN
山陽
SANYO

關門海峽

K A N M O N K A K Y O

這趟旅程中，第一次看見日本海。

上下緩慢起伏的波濤前端，依舊有白浪捲起，撲向岸邊。

更遠處，有灰濛濛的雲。

列車緩緩往深山駛去，綿延不斷的山坡與林木風景只瞬間出現。

與潮濕天空有著相同顏色的瓦片屋頂、木板牆。越過這些風景則盡是海。

只是，每處風景又都被海隔斷。忽然間海又不見了，像是被封閉住。

這景色在一瞬間向我而來，卻也在一瞬間離我而去。

見不到任何人的海邊，讓人直感到害怕。

抵達廣島後，風停了，突然暖和起來。
搭著路面電車，一路搖晃到宇品港。想在那裡拍瀨戶內海的照片。
好不容易抵達那兒，卻漫溢著半逆光。
聽說1894年日清戰爭的時候，軍用鐵路一直延伸到這裡。
我也發現了「往中國的軍事基地」這樣一段字。
第一次這樣好好地看瀨戶內海。
像在鑲了玻璃的平靜海面上放了個杯子一樣，不知將駛往何方的渡船漂在上頭。
銳角三角形能夠如此平衡地倒立，看在眼裡宛如奇蹟般不可思議。
半逆光終於變成迎面而來的逆光。
細碎的波浪，像讓人無法預測的小動物般，東竄西竄地閃著光芒。
再次強烈感覺到，這裡與山陰的風景大不相同。

外壁のリフォームなら

從像是被門司港遺忘的船橋登上渡船。受到大船航行推擠出的波浪影響，渡船一路搖晃，穿越關門海峽。離位在本州尾端的下關越來越近。在如同陰天天空顏色的海面上，一旦失去了方向，便有可能分不清楚門司與下關。它們看起來都是如此地傾斜。到這裡，九州已經結束，本州開始。

自下關沿海岸由左前進。坐在每站都停的火車裡，我望著窗外的風景。有時候，在山的黑影遠端會看到一點點海。是這次旅行中第一次看到的日本海。狂亂海面高高捲起的白沫，直撲向與鉛灰色天空交融的水平線。

出雲正下著小雨。

望著左右兩側漆黑的山，搭著只有一節車廂的火車，往海的方向前進。覺得像是朝著神的領域前進一般。下車後走了一小段路，眼前出現了出雲大社的鳥居。

一種奇妙的感覺侵襲而來。原來如此。出雲大社祭拜的神稱為「大國主神」，而祂有個兒子名為「建御名方神」。根據《古事記》，建御名方神被趕離出雲，流落到信州的諏訪，在答應不會離開諏訪的條件下，保住了性命。而諏訪就是我生長的地方。這張看不見的神祇地圖讓我跨越了漫長的時空，雖然初次到訪這裡，卻一點都不覺得陌生。

在神社旁的國學館，我遇到皿海攝子。這個國學館是想要成為神官者的修習所。二十四歲的她，大學唸的是設計，畢業後就來這裡，已經有兩年的時間。而今年春天，她就要回老家了。老家不用說，當然是神社。位於廣島縣的府中八幡神社。

我先問了關於她老家神社的事。據她說，連日常生活起居的家都在神社境內。從小這樣的事情對她來說就是理所當然的。

我問她，來到出雲之後，第一次想起家裡神社是什麼樣的景色？她說，是小時候常在那兒玩耍的神社院內。

「剛來出雲看到神社時，真的被懾服了。我從沒看過這麼大的神社。」她說，現在她主要的工作就是每天早上打掃主殿周圍垣牆以內的區域。

「打掃院內，也有清潔自己本身的意思。」

聽她這麼說，我深深感受到這裡真是聖域。

接著，我又問了她一個十分籠統的問題。「對妳來說，神是什麼樣的意義？」

她想了好一會兒，謹慎地挑選用詞，回答我：

「若說『絕對性』也許有點奇怪……，但神是存在的。」她用沉靜的聲音說道。

看見看不見的東西，感覺到某種感覺不到的東西，她的確是與神面對面的——我很自然地就這麼認為了。

鳥取縣，米子的天空萬里無雲。遠處大山的山峰覆蓋著白雪，強烈的反射光令人覺得刺眼。在這裡看到的景色，與我之前所想像的冬天的山陰，截然不同。眼前是厚實的陽光。

在這陽光中，二十七歲的松本潤實穿著和式工作服出現在我面前。

他才剛學完茶道，在回程的路上。我坐上他的車，請他帶我到可以看清楚大山的地方，還有島根半島內側的中海，以及中宍道湖。

他是我東京朋友的朋友。之前我朋友去北京唸書，他也在那兒留學，兩人因而相識。當時正好天安門事件發生，所以他不得已中斷留學課程，回到日本。

「回到日本以後，那件事帶給我的衝擊，在我心裡依舊持續了好一陣子。」

我問他在天安門事件之前，原訂的計畫是什麼？

「我原本打算在中國待個兩年，然後再去香港學英文，以便從事跟貿易有關的工作。」

原先到北京，也是因為想從事貿易工作。望著平靜的海洋，聽著中國這國家所發生的歷史性事件，很難讓人有切身的感受。如果沒有發生天安門事件，我現在也不可能在這裡與他見面了吧！

目前他在家裡的日本料理店幫忙。

不過他有個大計劃，那就是移居到西班牙，而且希望越早實現越好。

去西班牙，在一個可以將名建築師高第所設計的聖家堂盡收眼底的地方，蓋間茶室，在那裡打茶過生活。據說，這筆經費已經有辦法籌措到。

「為什麼選擇西班牙的那個地方呢？」

「因為聖家堂是傾斜扭曲的藝術，與日本的茶道，還有花道，是共通的。」

高第的建築，的確與西洋文化中絕對的左右對稱不同。就像有種說法：西洋是偶數、東洋是奇數；對偶數的西方來說，右邊的東西左邊也一定有，而東洋則不講究左右對稱。

「在中國，我告訴自己絕對不能死在這裡，也不想死。但如果是西班牙，我倒願意死後葬在那邊。」

握著方向盤，看著前方，他這麼說著。但他還沒去過西班牙。

就在這時候，我的行動電話突然響了。慌張接起，對方竟然說著中文。因為我不認識只會說中文的人，很明顯是通打錯的電話。

「打錯的。這人說中文。」我把電話遞給他，接過電話後，他流利的中文脫口而出。在這不可思議的巧合中，我聽著他的中文，望著眼前藍色的天空與海洋。總覺得這通打錯的電話，是從遠方那巨大的國家——中國，打來找他的。

廣島是晴天。

我坐在市區的大眾餐廳裡。眼前終於出現這位穿著三件式西裝，白襯衫燙得筆直、繫著領帶的男性。我發現他是這趟旅行中遇到的第一個穿西裝的人。

岡川紘士，二十七歲。他在廣島經營一家販賣健康器材與食品的公司，是個年輕企業家。他非常穩重，完全看不出來只有二十七歲，至少不覺得年紀比我小。

聽他說了很多事，知道他的過往非常艱辛坎坷；而我最感到驚訝的是他的行動力，那樣的行動力往往又跟他所經歷過的一件事有密切關係。

「十七歲的時候，我哥哥突然車禍過世。他心跳都已經停了，我還是不斷搖著他。然後眼淚不自覺地掉下來。當時，我心中浮起一個念頭：我要連哥哥的份都一起活下去，要過得很幸福。」

不管是為了募集出資者，他打遍了電話簿中所有號碼，費了九牛二虎之力，終於建造了一座小型飛機的專用機場；還是一手打造出目前這間公司；或是聽他說未來的夢想，這些最後必定都回到他哥哥身上。

然後，他還好幾次提到一個人——妻子。非常自然地把「老婆」這兩個字掛在嘴邊。

「我從前一直以為，只要賺很多錢，蓋間好房子，然後開部好車，就能夠越來越幸福了，結果老婆的一句話改變了我的想法。」

我等著他告訴我那句話。

「幸福不是金錢或物品，而是感覺到或發現到的事物，不是嗎？我老婆這樣跟我說。」之後，他心中的某些想法就改變了。

從廣島車站搭路面電車去宇品港看海。第一次看到的瀨戶內海在半逆光中，看起來像鏡子般平坦。前往某座島嶼的渡船像玩具一樣，漂浮在海面上。

海峽的海、日本海，還有瀨戶內海，真是見識到三處完全不同風情的海啊！

酒王
千福
クロダ
肥満体のとくや
つるや

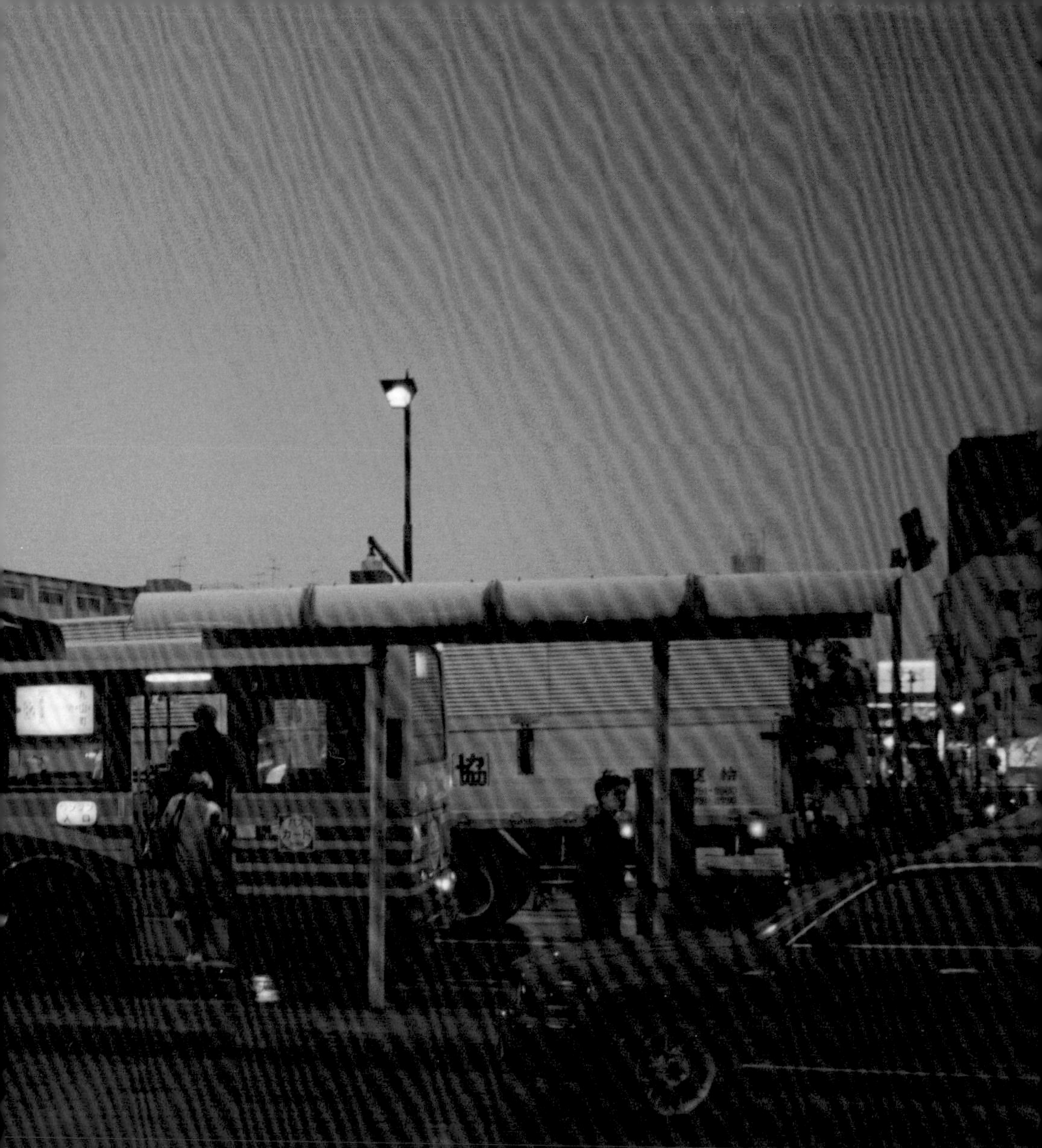

我登上小鎮最高的建築物——剛落成的瞭望台，有一百數十公尺高。一對中年男女面色凝重地坐在長椅上，透過布滿水滴的玻璃，望著另一頭的海峽風景。沒有顏色的風景。

「必須想個維持平凡的事情才行。」我聽到那男的說。這句話重複了好幾次。女的只是緘默著。過了不一會兒，女的站起身來，走向玻璃窗。她的眼睛紅紅腫腫的。

理所當然的日子，理所當然的生活，理所當然的風景，所有的人都活在其中。

一越過海峽，雨稀稀落落地下著。天氣不好，烏雲密布低垂著。一眼望去，全是混凝土的鎮上看不見半個影子。候船室的暖爐旁，圍繞著老婆婆與一群高中女生。

人們在等待時的表情身影，看來總有些可怕。由虛無這字眼所幻化成的臉。

大大的倉庫，大大的船，無法進入的水泥碼頭朝遠方延伸而去。往哪裡去？載著什麼東西？有著什麼東西？誰在那裡？完全不知道的空間與時間，都凝在這像是海的邊界的小鎮。被雨淋濕的小鎮。

松本潤實

Junji Matsumoto 27歲 在自家的餐飲店工作

在米子遇到他。他在學習茶道回來的路上。

「米子這地方啊，
我第一次出遠門才發現，
這裡的人都很善良。
算是敦厚之類的？」

「在北京唸書的時候，我告訴自己，
絕對不要死在這地方。
不想死在這個地方。
我也不想在東京，我想在米子。」

「不過，如果是西班牙，
葬在那裡也不錯。
雖然還沒有去過。」

「留學的時候，我最先想起的日本風景是……，
該說是島根半島還是境港的景色。
不知道為什麼，居然是從上空俯瞰的畫面。」

「我不覺得這裡是個寂寥的地方。
反而東京才讓人覺得寂寥。
我大概沒辦法住在那種地方。」

皿海攝子

Setsuko Saragai 24歲 學生

老家是廣島縣的某神社。
不用說，父親當然是神官。
成長過程中所住的家也在神社境內。
高中唸完後，為了學設計，進了大學，也畢業了；
但為了繼承家裡的神社，來到出雲大社的國學館。
花兩年的時間學習如何成為神官。
現在是二年級，馬上就要畢業了。

「老家是神社，所以社務所就是我家。
那裡綠意盎然。
希望它成為大家心目中的鎮守之社。」

「在這裡不可以喝酒，房間裡也沒有電視。
不過交誼室裡有。電話也只有那裡有一具。」

「常在想回老家後的事。
即使回家，也還什麼都不會。
雖然在這裡有學龍笛跟太鼓，
可是跟家裡的太鼓不一樣。」

「我不覺得神官是神社的軸心。
神社應該是以那地區的居民為中心。
神官只是代表大家，一個中介的人。
清淨身心、鍛鍊能力、
唸誦禱文，讓神能夠降臨。」

「第一次到出雲大社的本殿參拜時，
我深深地感受到所謂的歷史。
完全被那種氣勢給懾服。」

「這裡的夏天溼氣重，很熱。
冬天常常下雪，冷得讓人發抖。
這些都是直接用肌膚所得到的感受。
因為不管夏天還是冬天都是這種穿著，
光這樣，就讓我覺得自己真是在修行了。」

「十年後嗎？我想一定結婚了吧！
到時候得同時兼顧（神職與家庭）吧！
也許到時候會花比較多心力在家庭上吶。
但以目前自己的想法來說，
我還是想要繼續奉獻，一直守護神社。」

「神社不就是地區的守護神嗎？
守護那神社，也就是保護那地區。
對我來說是這樣的心情。」

「當我拿護身符給人時，我不會隨隨便便遞出去的。
在那種時候，是沒辦法以輕率的心情交給人家的。
因為其中包含著心意，以及祈願啊！」

磯村有史

Yūshi Isomura 18歲 劇團學習演員

在下關車站前的大樓前面，
我遇到半夜裡跟朋友一起排隊
等著買「PUFFY」演唱會門票的他。
他好像很冷的樣子，
蓋著毛毯，坐在地上。
幾年前因為父母的緣故搬去了大阪，
但因為還是喜歡這裡，
幾乎每天都往返於大阪跟下關兩地。

「雖然今天休息，
但在大阪平常就是打工，周末在劇團上課。」

「我想成名可能有點困難。
但是我一點都不焦急。我就是我。
暫時就這樣，到24歲之前，
我想自由自在地做一些自己想做的事。」

「我想遲早有一天，我會到東京。
但一想到父母，就又不能光依自己想法去做。
就算這樣，我還是想到東京試試演員的工作。」

「東京是看起來有滿多機會、
但又好像沒有的城市。
去那裡，似乎很快就會遭受挫折。
一個人去的話，我想會寂寞；
也害怕去那樣的地方。
但還是想去看看。」

「（搬到大阪之後）
突然變得很想跟下關的朋友見面。
覺得果然還是有朋友比較好。
因為在那邊，幾乎一年半都沒有交到朋友。
可能關西的相處方式比較不一樣吧！……」

「每次跟朋友見面，就有『回來了』的實感。
跟朋友見面實在是件令人高興的事。」

「總歸一句，下關在我心中是橘色的。
有自己存在著的感覺。
覺得自己的確是存在的。」

「回去那邊（大阪）時，
會覺得，唉，又回來了，
只有好好努力啦，
我常常都會有告訴自己要好好努力的那種感覺。
雖然辛苦，又似乎不是那麼辛苦；
雖然辛苦，還是得走下去的那種感覺。」

伝統芸能
フェスティバル
MITSUBISHI
三菱カラーテレビ
Ribbon
BEANS
改札口

岡川紘士

Kōji Okagawa 27歲 經營公司

這趟旅行中，我遇到第一個穿西裝打領帶的人。
聽著充滿鬥志的他講述自己的故事。

「高中的時候，我哥哥出車禍過世了。
那時候我就下定決心，要連哥哥的份一起活。」

「不管什麼我都想去試試看。我覺得經驗是珍貴的寶物。」

「我希望從事一種工作，
可以因為自己的存在讓人家高興，
不管是哪一種形式的開心。」

「經營公司，常常面臨一連串的選擇。
不同的選擇，會造成人生不同的改變。」

「對我來說，故鄉就像是機場吧！」

四國
SHIKOKU

太平洋
T A I H E I Y O

從廣島搭上渡輪後，風景有了很大的變化。

瀨戶內海看起來像一座巨大的湖。

因為，360度不管朝哪個方向，或近或遠，

島看起來都像是一重疊著一重。

我從不知道有這樣的風景，在日本存在著這樣的風景。

離開村子的那天，地方電台報報導了今年第一道春風已經吹起。

無人車站，往後方退去。

只有竹林、河川、小學、山、瓦屋頂、杉林，無止盡地重複著。

像倒帶後再重播的景色，不斷地繼續著。

把在車內撿到的報紙從頭到尾仔細讀過一遍。

「平時寧靜的縣南小鎮，二十日突然籠罩著一股異樣的緊張感。

海部郡宍喰町發現四名可能由集團安排偷渡入境的中國人，

巡邏車及警車的紅色警示燈在鎮上不斷地來回穿梭。」

《德島新聞》這麼寫著。

另外，據說已經有八十餘名中國人從高知縣登陸，偷渡入境。

「有可能藏匿在山中。」新聞接著寫道。

在這兩節車廂編組成的柴油火車裡，說不定就藏匿著這些中國人。

我事不關己地這麼想著。

從廣島搭上了渡輪。昨天下的數公分積雪像是騙人一樣，今天氣溫不僅回升，天空還一片晴朗。

渡輪從瀨戶內海往南破風前進。窗外平靜的海面上，時有船隻出其不意地橫切而過。而在另一側，重疊好幾層的島影固定在那邊，沒有中斷，覺得自己像是置身在巨大的湖泊中。

旅程中，我一直讀一本書，名為《加油走下去》的小說，是松山市所主辦的「少爺文學獎」首獎作品。

我與這本小說的作者敷村良子約好在這海的另一頭見面。小說以她自己的高中時代為背景，描寫高中划船社的一段校園故事。在小說裡，她用「眼前，像母親般的瀨戶內海景色延展開來」來描述瀨戶內海。我望著眼前延展開來的這片液體，在腦中低喃著這段句子。

終於，海的彼端出現了濃密的綠意，那兒就是愛媛縣松山市。

她一個人佇立在渡輪搭船處。雖然比我年紀稍長，但卻帶著股少女氣息。不知道是不是我把對主角「悅子」的印象與眼前的她重疊在一起的緣故。

我與她走向道後溫泉。溫和的陽光照著整個小鎮，暖春的陽光。我們在一間有著大窗戶、她很喜歡的咖啡店喝咖啡。在那裡，我問了她一些事情。

她在十八歲的時候曾經離開這個成長的地方，她曾在小說中如此描寫當時對這個小鎮的心情：「能預測的未來乏味而無趣。悅子對此感到厭煩。光是想像那不斷重複的乏味日常生活，就令人窒息。」

眼前的她，說出的理由與上述這段話有同樣的意思。她在東京度過十一年，然後回到松山。東京對她來說，代表一段為了成為文案工作者而付出的時光。從她的話裡，我感覺到那十一年是充滿戰鬥的歲月，與某種看不見的事物戰鬥。

後來，她回到了故鄉。借她的話來說，就是「無法照自己所畫的藍圖走下去」。然後，在「消去法」的選擇項目中，她回到故鄉松山。這樣的選擇當然有些許的苦惱與挫折。

「自己把幕降下。」

她低喃著，流露無限感嘆。這句話沉沉地在我心裡迴盪著。

小說本身很開朗、輕快，節奏感很棒。但在寫這小說的時候，她面臨的是失業等堆積如山的問題，那個時期在精神面上相當艱苦。

「事情全堵在一起，我是抱著非得做些什麼不可的心情寫下這本書。藉由寫作，來告訴自己要加油、要撐下去。」

在寫的過程中，她描繪出另一個自己。有時候，那也像是在拚命改寫自己的過去。她說在過了一段時間之後，自己反而有些地方受小說主角「悅子」影響。她為等於是另一個自己的「悅子」灌注了生命。

「如果那時候繼續留在東京，還能寫出這部小說嗎？」

「在東京的話，我一定寫不出來。」

這是土地所擁有的力量。是那樣的力量跟情感、記憶、時間，撞擊到她心中的某部分，將那故事挖起，然後編織成形吧！

「對我來說，『海』就是眼前這片海。不是東京的海，是這裡的這片海。」

我想，那部小說，是從她那不曾動搖的風景中所誕生的吧！

望著左邊的瀨戶內海，我搭上了火車。昨天，在車站聽到廣播說，今年春天的第一道南風吹起了。

終於，我抵達了愛媛縣的今治町，遇到了三個人。

別宮泰明、田頭壽夫、山本一志，他們都是不同海運公司的接班人。公司性質，簡單說，就是將油輪出租給船公司。今治町是日本少數的據點之一。

其中山本一志高中畢業去東京唸大學，大學畢業後便直接在東京找工作。聽說他從高中時就非常嚮往東京，七年後為了繼承家業才回到今治。

「從東京回來時，這村子跟我唸高中的時候有很大不同，感覺很新鮮。」他這樣形容。然後他說，現在他對東京又抱有一種完全不同的憧憬了。

「我想以這裡為據點進軍東京，向東京發聲。我覺得這裡是個隱藏了力量的地方。」具體地說，他從一年前開始了多媒體、通訊等新事業。這種產業並不會因為位於鄉下而有什麼不利之處。

「我並不覺得東京遠。搭傍晚四點左右的飛機，晚上八點半左右就已經跟朋友在品川附近吃晚餐了。」

他正摸索著東京的面貌、這裡的面貌，還有理解兩處的新面貌。

再次望著左邊的瀨戶內海，我轉向右方前進。藍色的天空下，有海、山、竹林、小

晚上，吃了在這片海捕獲的章魚吸盤。

小的小學、磚瓦屋頂，還有海像是反覆地延續著。與不久前在山陰遇到的狂亂的日本海形成強烈對比，是片明亮的海。瀨戶內海在不知不覺間，變成太平洋。

進入高知縣，我來到再下去沒有任何車站的終點站。那是只有一座神社的小車站。在漫溢的光線中，我看見高挑的她獨自佇立在那兒。田嶋葉在高三時得到第七屆「Men's non-no Girl Friend」冠軍，目前就讀於大阪的服飾專科學校。

我所到的東洋町是她的故鄉。我約了短暫從大阪回老家的她見面。

我讓她背對從小看著長大的太平洋，拍下了照片。在海光與強風中，她像是跳著舞，展開雙手鼓動翅膀般地走著。她的姿態宛如從什麼當中被解放出來。

「從小就常聽姊姊與朋友說『想成為模特兒』，漸漸地我也有了這念頭，所以才會去參加徵選。」

大部分的時間人在大阪，偶爾回到這裡。對這時間像是靜止般的小鎮，有什麼樣的感覺呢？

「回到這裡，晚上睡覺前我一定會抬頭看看天空、看星星。這是在我去大阪之前不曾做的。」

她從高中時就離開雙親，住在外面，到高知市的高中就讀。「高中的時候感覺到的是離開父母的寂寞；現在在大阪感覺到的不是寂寞，而是一種懷念的情感。」

懷念藍藍的海，還有天空。

「比方說，妳覺得自己兩、三年後在做什麼？」

「去東京。這是我在心裡已經決定的事。在東京當模特兒，上雜誌、走秀。拚命工作。」

從她的聲音裡，我感受到一股強烈的意志。模特兒這工作的魅力是什麼呢？

「感覺很棒。」

「感覺很棒的意思是？」

「有人幫我化妝、拍照，變得與平常的自己不一樣，可以發現新的自己。」

太平洋在她身後無垠無涯。她說，那顏色有時是深綠色！有時變深藍色，會依季節而有變化。看著這片海，我有一種強烈的感覺：她所希望成為的「模特兒」，離這小鎮真是無比遙遠。

我問她，當初高中畢業後，是不是考慮過要繼續待在這鎮上？

「咦？」她發出了有點驚訝的聲音。

海一直在旁邊。瀨戶內海在鏡頭中看起來有縱深，橫著的太平洋像是要溢出來一般，野性十足。這是朝內的海與朝外的海的差異吧！回頭一想才發現自己聽了許多人的「東京故事」。我試著在腦中描繪了東京的海。但那是沒有顏色、像塑膠一般的海。腦中只浮現出這樣的景象。

在悠閒的車站前的小食堂，有點傾斜的桌上，
吃了一碗加了豬肉的冒牌親子丼。
再遠些，關東煮的熱湯蒸氣冒起，窗玻璃一片朦朧。
旁邊一個中學生一點一點啜著彈珠汽水。
裡頭，看店的歐巴桑坐在小小鐵管椅上打瞌睡。
圍著圓環的另一邊並排著許多輛腳踏車。
原以為是腳踏車出租店，後來才知道那是寄放保管的地方。
聽說當地的高中生都把車寄放在這兒再去學校。
腳踏車並排在像水泥地房間般的黯淡空間中；
在更深的暗處，有個老人坐在一張單椅上，
也在打瞌睡。
然後，在這村子裡走了一會兒。
不知道是不是已經倒閉，
但看得出來已經關了一段時間的小酒店門上爬著常春藤。
在那上頭是藍色的天空。
車站的長凳上，老人們斜躺著，
像是半睡著了般，看著電視。
旁邊有兩個看起來像是閒著沒事染著金髮的年輕人。
從剛剛開始，電視就一直在報導
「中國最高領導人鄧小平逝世」的新聞。
赫然發現自己老是在拍一些生鏽的東西。
沿途中我好幾次這麼想，金屬生鏽的顏色真好看，
也覺得在東京要像這樣發現生鏽的東西或風景可是件困難的事。
褪色的電影院看板。藍白紅的遮陽塑膠布上的破洞。
破掉的玻璃窗上的灰塵。
在公車站一直沒有動的化緣僧人，
拄著拐杖，白色的僧服在風中飄曳著。
我想起好像誰曾經說過：生鏽是金屬燃燒的化學反應。
那時，也想起了金屬會發出一點熱這件事。

敷村良子

Yashiko Shikimura 35歲 小說家

小說《加油向前走》
獲得第四屆「少爺文學獎」大獎。
從縣立松山東高中畢業後前往東京。
之後回到松山，寫小說。

「去東京後最初半年想回來得不得了。
很希望趕快有一副東京人的臉孔。
但東京的好處就是可以誰都不是，
可以匿名。
能夠重新塑造一個自己。」

「在東京11年。用消去法作選擇，回到了這裡。
感覺像是自己將幕拉下。
回來的時候是夏天，蟬還在嘶嘶叫著。」

「對我來說，寫作這件事跟呼吸吃飯一樣，
都是生理性的。」

「藉著寫那部小說，我拚命地改寫了自己的過去。
描寫另外一個自己。
我以前並不是像（主角）悅子那樣的高中生。」

「你剛剛經過了一片海吧！那片海是我的海。
那是平靜無波的海……。」

「也許是現在才說得出這樣的話，
回首一看，會遺憾地覺得：
啊！那才是所謂的青春。
當時真的是很鬱悶。
既不知道自己會成為什麼樣的人，
而且越是擁有夢想，就越覺得離它好遙遠。
現在覺得不成為如何如何的人也沒關係了。
只要做自己就夠了。
最近才變得會這麼想。」

「我覺得土地有一種東西叫氣。
松山的比較輕，
而我覺得東京的顯得凌亂。」

發現自己會不自覺地拿大阪的街道與東京比較。

地下道、地下鐵、售票機、地鐵出入口的自動收票機、電車、廣告看板⋯⋯。

相似，但卻遙遠。

想自己去梅田的地下街，

卻搞不清楚原先所以為的方向。停下腳步，攤開地圖。

突然想起剛到東京時的自己。彷彿那時候的感覺又回來了。

2F
携帯電話
激安
PHS
勝利の女神
ビデオ試写室
(45分) 1.000円
(90分) 1.500円
ラ・ビート
JRA (場外馬券前)
営業中
居酒屋
竹の子
キリンビール
ビデオ・試写室
激安販売

神戶的街道因為雨而溼溼的。登上了能夠遠望的高台。

街上這裏空一塊、那裏空一塊。老人告訴我，那是阪神大地震時受災嚴重之處。

走累了，到站著吃的麵店吃碗麵。深底厚瓷大碗中的湯汁顏色明顯比東京的還要淡薄。

「阿婆，蔥拿掉哦！」

旁邊看起來像上班族的男子向廚房裡頭喊。聽到這讓我覺得，啊，這種感覺，真是大阪吶。在東京叫店員的時候，會先說聲「對不起！」表示有事相託；但在大阪，卻是用「阿婆！」這樣的叫法起頭。

就在店旁邊，有三個高中女生一直站著說話。「好像亂厲害的啊！」這話聽到了好幾次。在大阪，大概不流行在字眼前面加個「超」字吧！

來到這城市，發現自己不知不覺中會拿它跟東京作比較。尋找相似之處，還有相異之處。而另一個察覺到的，則是我大概沒有辦法成為這裡的人吧！大阪太遙遠了。

從出生長大的長野來到東京時，我馬上就能裝出東京人的樣子。因為我一概不講長野方言，說得一口流利的東京腔；但在大阪，這卻很難。

「最討厭說出一口彆腳的大阪腔了。非常不甘心，但發音就是不一樣。」我在這裡遇到的一個人說。

在年輕人聚集的區域——「美國村」一角，遇到「精品瑪麗茱安」的店長吉川英彥。店鋪打烊後，我們前往一間他常光顧的地下室小酒吧。

上個月，他跟幾個朋友在美國村的某間酒吧辦了場名為「第一章」的服裝秀。衣服來自十八家店、九個品牌，都是他們自己挑選搭配的。結果來的人太多，以致於要限制入場人數，服裝秀成功落幕。

關於店的選貨，他這麼說：

「我覺得店就像人。各有各的個性，就看以哪種面貌呈現而已。」

我與他坐在吧檯前喝啤酒。

「另外，人就是靠味道了。」

「味道？」

「對，味道，就是所謂的個性。」

他曾經有段時間想去東京。實際上也真在東京待過一陣子。但是，現在沒有離開大阪的打算。

「那種微妙的心情，就像『啊，想要那件夾克』吧！一定要有一件，東京這名牌的、質感看起來不錯的夾克。」

我覺得這段話明顯表達出東京「空虛」的那一面。突然想知道，他是怎麼看大阪，還有大阪跟東京的距離。

「我覺得大阪是個村落。就因為是個小群體，比方說會對外人說出『喂！你以為這是哪兒啊？這裡可是大阪喔！』這種話。還有，像是會覺得自己不如人家之類的——雖然這標準很奇怪，但我覺得大阪是輸給東京的啊！」

「輸東京嗎？」

「嗯，我覺得是輸的哦！不過，那種不想輸的心情反而在我心裡是最強的吧！非常強烈的感覺。」

聽了他這些話，我開始思索自己對東京的感覺。我從一開始就抱著已經不如人家的心態。對東京的感覺是建立在自卑感之上。我在東京把方言這種代表自己的語言藏起來；但是，大阪腔不一樣，大阪人就算在東京也不會隱藏。

眼前的舞台上有兩個年輕人正在說話。我坐在黑暗中，這一側揚起的笑聲像波浪般朝舞台拍去。當這笑浪到達最高點時，不知道舞台上的他們有著怎麼樣的心情。

舞台上的兩人是名為「你和我」的新式相聲（漫才）組合。這是吉本總合藝能學院第十七期學生的畢業公演。他們的表演以醉漢、報紙訂閱推銷員為題材。

我是第一次在現場看新式相聲，之前都是在電視上看到的。聽著這兩個人的關西腔，我發現對我來說關西腔只是搞笑藝人在電視上說的一種語言。

表演結束後，我與他倆見了面。藪田真宏與柳谷學。我問了剛剛看表演時所想到的問題——聽到客人的笑聲時，他們腦子裡在想什麼？

「那一瞬間會去想客人笑的原因。是因為耍笨，還是因為吐槽？或者是因為表情好笑。」

藪田回答了這問題。很從容嘛！我這麼一說，兩個人同時回答：

「那倒不是。」

不消說，他們對於成為職業新式相聲表演者這件事可是認真的。藪田在結束一年的上班族生涯後，邊打工邊進入這個世界。柳谷雖然還是學生，畢業後也沒有就職的打算。

「覺得三年後的自己會是在做什麼呢？」

兩人都想了一下，藪田開口了。

「除了靠這行吃飯以外，沒想過做其他的事。我們雖當這是工作，但現在周遭的人並不這麼認為。所以，我們想得到別人的肯定。」

為什麼想表演新式相聲呢？

「覺得自己身上充滿著一股會讓人笑出來的東西。別人因為自己而發笑，感覺很爽。」柳谷說了。

「很爽？」

「被人家說是阿呆的時候很爽。即使不是在表演新式相聲，人家說你『阿呆』，聽起來也像是一種稱讚。」

藪田接了話。這可以說是大阪人的氣質吧！語言與土地完完全全結合在一起。

「先從大阪開始。東京還是個遙遠的夢想呢！」

令人印象深刻的一句話。

從大阪前往神戶。這是我在阪神大地震後，第一次來到這城市。在三宮車站前下車時，神戶正下著小雨。非常安靜，不知道是不是從熱鬧的大阪來的關係，或是只靠影像看到的震災景色無法從腦海中抹去的緣故。

我往海的方向走去。一回頭，迫近眼前的山的新鮮綠意被雨洗得油亮。

走了一會兒，來到某棟大樓裡的一戶。幾乎跟天花板一般高的大窗外有幾部建築工地的吊車，不斷傳來施工的聲音。

眼前的她告訴我，那是在重建震災中受損的大樓。她是杉山知子，這裡是她的畫室。

杉山知子是位當代藝術家，以神戶為據點。在寬廣的畫室地板上，鋪著她正在進行的紙拉門畫。

她說，她藉著畫圖，在心裡整理對震災的感覺。

「用我的說法，就像是自己蓋房子。」

那是許多許多一筆畫成的房子。花了三個月的時間，她完成了名為《千軒之家》的作品。在自己心中建造一個家。我想畫出來的房子是人，是幸福的容顏，也是她自己吧！

她說，如果沒有完成這幅畫，就無法前進。而且，雖然不知道是否跟地震直接相關，但她先聲明：

「地震發生後，我開始畫一些對自己更忠實的作品了，變得更大刺刺的。」

然後，我請她給我看了幾幅作品。

「在那之前畫的東西，有時是可以用語言替代的。不過，現在開始會想：如果可以把心情就這樣完整描繪下來，該有多好啊！」

大家在這背山面海的城市。他們說，絕對不會離開這個地方。這股魅力是什麼？

「痛快的感覺。」

我得到這樣的回答。

又回到大阪。走在梅田漫長的地下通道時，在心裡試著說了一下長野的方言。深深覺得，那是離這城市非常非常遙遠的地方的語言。感覺比在東京還遠。

大阪腔與我的語言，不說一句話地正面相對。我靜默地聽著一種，無聲地低喃著另一種。大阪果然很遙遠。

柳谷學

Manabu Yanagiya 21歲 新式相聲表演者（右）

「中學、高中時候，我都是班上最有趣的傢伙。
問卷調查的時候我得到第一名。」

「（大學）我打算唸到畢業，但是不打算就職。」

「我覺得，搞笑文化能夠壯大是很了不起的；只有在大阪是這樣。
看新式相聲就像去看電影一樣平常。
其他地方根本沒這回事。
這文化能形成，真是了不起。」

藪田真宏

Masahiro Yabuda　23歲　新式相聲表演者（左）

「我曾經當過上班族。在飯店擔任櫃檯人員。
漸漸覺得那根本不是自己想做的事，
為什麼得這麼忍耐呢？
所以就想說來試試自己想做的事。」

「如果要去東京，希望是為工作而去。
我想，若有人請我們到東京上節目，就代表我們被肯定了。」

「我啊，活在這世上只想著
要如何養活自己而已。」

「但是，東京現在還是個遙遠的夢想。」

「因為（新式相聲）並不是寫在紙上就可以學到的東西。
要用身體去記憶。」

「現在光靠新式相聲根本活不下去。
因此，都被周圍的人瞧不起。
我們雖然當這是工作，但因為也拿不到幾個錢，
他們都覺得這不能算是工作。
希望有一天可以靠這行吃飯。
現在在打工。在旅館工作，還有外送披薩。」

柏木優（左）**井口誠**（右）

Yū Kashiwagi 18歲 學生 Makoto Iguchi 18歲 學生

翻唱滾石、Clash等樂隊的歌曲，
正在招募貝斯手。

「雖說都是搖滾，但再怎樣也不會搞得像『射亂』。」

YA
ラオケ
250

「大阪人的自尊心相對比較高。
不過讓人家看到高傲的自尊心會被討厭，
所以就用自嘲的搞笑方式來矇混過去……。
我覺得很擅長避開說好聽話的大阪人很厲害。
不過他們的世界就是那樣。」

「結果我還是愛著大阪的吧！」

「我會覺得，大阪人跟東京人最大的不同，
在某種意義上來說，
就是愛不愛（那塊土地）。
大阪人就是因為喜歡，
所以才會一直把大阪掛在嘴邊……。」

「大阪這城市該說是自己，
還是像很喜歡的女朋友（一般的存在），
雖然我不是很清楚，到底是哪個呢？
應該是自己吧！
就因為是自己，
才會有『這樣的話不行』之類的念頭吧！」

「高中時曾想過去東京讀大學，
現在想起來，覺得那是一種年輕時的衝動。
『哇！那件夾克好帥，我想要』，
很接近這樣的感覺。
像是有東京這樣一件名牌在上頭、
看起來質感不錯的夾克。」

「大阪不管從哪一方面來說，都是『味道』。
這裡有讓人感覺得到味道的人。
在生活裡把『味道』放在前面。」

「耍笨與吐槽在我們腦中，
真的是無意識的，很日常普通的。
一天不知道要被說上幾次『搞什麼啊』、
『搞不懂啦』、『真是沒辦法啦』之類的話。」

「希望有天能開間自己的店。
賣的東西品項不想被這店給侷限。
想開一間可以支持人的生活的店。
那時候覺得什麼有趣，就賣什麼。」

「人生本身就是一種創作，
我覺得人自己就是創作者。」

吉川英彥

Hidehiko Yoshikawa 27歲 美國村的商店店長

在美國村的酒吧裡，自行策劃辦了一場
沒有強迫推銷意味的手工縫製服裝秀。
他是主辦的主要成員之一。
服裝秀的報導占了報紙不小版面。
今後也還想讓大阪繼續動起來。

「服裝是離生活最近的藝術，也是設計。」

「我也許有機會在東京工作，
但如果說要住在那裡，我可不想。
我是那種住一定要住大阪的人。
或許是因為我喜歡大阪吧！」

「我覺得語言的不同是很大的因素。
與生意上有往來的人說話時也會意識到那是工作。
但像現在這樣，算是在休息的時候，
不知道該說是不想說那種話呢？
還是老覺得那種話讓人摸不太清楚對方在想什麼。」

和歌山
W A K A Y A M A

名古屋
N A G O Y A

岐阜
G I F U

榮

S A K A E

在一片陰霾的天空下，灰色的大阪風景在窗外延續。我呆呆地想著這樣的景色什麼時候會突然消失。而我也再次發現，像這樣從窗內望見的東京與大阪風景，其實很像。

往南走。

幾個小時後，右邊窗外開始看得到海，天空也變得晴朗。海出現沒多久就被山遮住了；然後，經過好幾個隧道。這樣的景色不斷重複。左邊一直是山，山坡上有橘子園與梅園。

火車過了和歌山，我在名為御坊的車站下車。風景與大阪的不太一樣。我打算前往還要花一個小時車程的村落。

有位年輕人在御坊站等我。他是池田康一郎，住在一個叫作日高郡美山村的地方，從事林業工作。本來打算搭巴士到他那裡去，但是巴士一天只有幾個班次，所以他專程開車來接我。

坐上他開的車，朝美山村前進。看到車站前的景象，我說：

「真是個悠閒的地方啊！」

聽到這句話，他似乎吃了一驚：

「對我們村子來說，這裡可是非常都會呢！」

慢慢地，我瞭解了他這句話的意思。車子穿過一座又一座的山谷，谷底流著日高川。山的坡度驚人，整片山坡都是杉木或檜木林，樹林的上方是像被切掉一塊的天空。那天空也與大阪的明顯不同，像含著水分一般，顯現出深沉的色澤。

開著車的他一邊看著山坡，跟我說明他的工作。對於我根本搞不清楚的杉木與檜木，他說只要憑葉子與形狀就曉得了。

終於，過了村子中心，車子朝他租的住處前進。途中看到一對老夫婦在路邊剝著樹皮，他輕輕地點頭打招呼。

「他們是我現在住處的房東。」

再往上走也沒有別的住家了——他的住處位在這麼深的深山裡。據說冬天在門前能看到鹿的蹤影。郵差還願意送信上來，但是送報生只送到比較下面的另一棟房子那邊，得自己去拿。就算是這樣，早報送到也都已經過中午了。

「我的住處是引谷水來用的。」他說。

水龍頭雖然有水出來，但那是從山上某座儲水場直接接過來的。

「水是有味道的哦！」

他出身京都，之後在愛知縣從事生物方面的工作，當個上班族。碰巧在徵才雜誌上看到這村子的林業工會在找人，便來應徵了。

這裡就老人最多，是典型的沒落村莊。年輕人高中畢業後，好像就理所當然似的離開了，所以只好從村外找年輕人來。

問他為什麼會想從事林業工作，他說是碰巧，之後又補上一句：

「能租到土地是最吸引我的地方，因為我一直想試著自己種田。」

他的住處視野很好，眼前就是梅園，與視線同高的地方有山，所住的平房中有四個房間。林業工會把這裡租給他，房租每個月六千日圓。在建地裡，雖然地方不大，但他種了一些植物與蔬菜，也種了草莓。他說到了冬天，也會燒炭，因此，有個用汽油桶手工改造成的爐灶。而他也從剖竹子開始，自己編一些籃子與篩子。

過去沒遇過像他這樣的人，所以他說的話，還有他的選擇，都讓我覺得非常新鮮、有趣。

他帶著我一起進森林。套上鞋袋、戴上安全帽、手握著劈柴刀的他看起來與剛才判若兩人。望著遠處的山，他說：

「光那片山的整地工作，就花了一個月的時間。」

說著這的他，有著很棒的表情。我靜靜地一句句聽他用詞不多的話語。

我問他，對於山跟樹，抱著怎樣的感情？

「覺得與自然面對面的這份工作很適合我。看到自己種的樹長大很高興。」他說。

種下的杉木、檜木到可以砍伐得要五、六十年的時間。

「你想那時候你還會在這兒嗎？」

他只回答：「我不知道。」

人與山各自不同的時間感卻同時存在。

從紀伊半島前往名古屋。

走在市中心，雖然有些地方看起來像東京、大阪，但還是很明顯有所不同。這巨大的差異，在於走著的時候絕對不會跟人碰到肩膀。讓人有街道慢慢向旁邊擴散而去的印象。我往一個叫作大須的地方。那裡雖是有座大須觀音的老市區，但是電器街以及最近陸續聚集的二手服飾店，都讓來這裡的年輕人變多了。

這裡也是名古屋的戲劇中心。我見了松宮陽子——她是少年王者館（由天野天街領導）劇團團員，在舞台劇《最後的寂寞的貓》中擔任主角。

我跟她一起進了這齣戲的演出場地——七寺共同Studio附近的咖啡店。

她從中學一年級參加戲劇社之後，就一直持續演戲。高中畢業曾進一般公司工作，現在則是為了演戲而打工。

是什麼樣的魅力讓妳一直演戲呢？我丟給她一個籠統的問題。對於這個問題，她想了一會兒，才轉成話語回答我。

「我覺得是能帶出自我，並且能表現出自己。」

聽到這句話，我想起之前在鹿兒島遇到的踢足球的高中生。關於足球的魅力，那位高中生的話跟她剛剛所說的幾乎一樣。

她又接著說：「一進入演戲的狀態，就會出現不同的自己。我發現在演戲時，我會做出平常不會做的事。所以站在舞台上的時候是最快樂的，好像把自己放在某個地方，這種感覺很舒服。」

而且，她說所扮演的主角會在自己的內在住上好一陣子，不太能夠脫離角色。

「變成六（戲裡的主角名）的那個自己會隨她高興行動。演完戲跟朋友見面，他們總是說我怪怪的。」

比較喜歡成為劇中人物的自己還是平常的自己？

「兩個都喜歡。因為兩個都是自己。」

從名古屋往山的方向前進。到目前為止的行程多是沿海前進，這會兒往岐阜的深山走。

過了岐阜站，火車像是要縫合長良川般，來回越過好幾次，往上游駛去。窗外可見的稻田有好幾處都正在插秧。

不久在一個名為郡上大和的小車站下車。我在這裡見到了畑中典之。

聽他說話的時候，發現我跟他有一些共通點，所以更被他的話吸引。共通之處在於關於亞洲的事情。之前他在亞洲各國停留了好長一段時間，我也曾經以旅行的形式遊歷亞洲。

一九八七年大學四年級的時候，他第一次出國——以民間義工的身分去菲律賓。他這樣描述當時的心境。

「在日本的生活如此豐裕，自己卻無法滿足。即使物質上十分富足，心靈卻很空虛，所以想去什麼都沒有的地方看看。」

之後，他每年都會在亞洲當義工。印度，然後又去了菲律賓。那一陣子他都不在日本，去發展中國家工作、生活，沒有回來的打算。

但後來因為一個印度人跟他說的話，讓他的想法改變了。

「他這樣跟我說。我的國家，將靠我們的力量來改變；所以，也請你想想能為自己的國家做些什麼——那時候，才第一次有了連帶感。他請我也想一想自己的地區與所住的地方。聽到他的話，我才發現自己的自負。」

他直視著我。

「我覺得亞洲讓我發現了自己的姿態。」

因著亞洲這面鏡子的映照，他回到日本，回到這個撫育自己長大的山村。在周遊亞洲之後，把關心點跟興趣重新指向日本內部與文化。現在的他繼承家業，經營文具店。為了彌補之前的空缺，他正進行一件事。

那就是日本太鼓。他招募想參加的人，三年前組了一個名為「和太鼓眾大和」的鼓隊。對太鼓產生興趣，是在韓國看到他們的傳統太鼓之時。那時他心裡想，自己也來打日本太鼓吧！

「二十幾歲的時候，會想把所有東西都塞到自己身上。現在三十幾歲了，希望是由自己開始做些什麼、向下深掘。思考自己到底是誰、朝哪裡前進等問題。」

依他所言，他在六年前搭乘「東南亞青年之船」巡繞東南亞國家協會（ASEAN）之後，就沒再去過亞洲。過了三十歲，他開始學太鼓。

現在，每週有四天都在打太鼓，也做了幾首曲子。

「太鼓真的很不可思議，會表現出人的個性。煩惱的時候會打出煩惱的聲音。因為喜愛而打太鼓的人，就算打得不好，也會敲出快樂的響聲喔！」

真是不可思議。

「我感覺太鼓能將無法用語言表達的想法以聲音表現出來。」

我想聽聽這樣的聲音，便和他一起去平常練習的場所，那是跟鎮上借用的練習場。

他大大地跨開雙腳，握著的兩支鼓棒，擺出斜斜的角度，然後開始擊起太鼓。他的樣子激烈得像是用全身在打太鼓一般，震動穿透了全身。這不是傳入耳朵的聲音，而是得用全身聽的聲音。我覺得那是一種超越聲音境界的聲音。

他直視著太鼓上的一個點，眼神沒有絲毫轉移，彷彿凝視著很遠很遠的地方。看著他，想到他剛剛說的話。那跟我前幾天在名古屋，還有在鹿兒島聽到的話，有著同樣的意思。

「太鼓是我顯示自己存在的一種手段。」他說。

是因為人一旦全心全意投入某種事物，就會說出這樣的話；還是由於仍然在過程之中，所以得找出一個不是答案的答案呢？

練習場旁邊就是長良川。我跟他走到那兒，在堤防邊看著水流。

「小學的時候這裡更乾淨，夏天每天都在這兒游泳吶！」他邊擦著汗邊這麼說。

河的對面，就是山。

我再問他關於亞洲的想法。面對這片平靜祥和的風景，亞洲的種種聽起來真是遙遠。但是，就像眼前這條河川一定會流入海洋，亞洲應該也位於我與他現在站的這個地方的延長線上。

他說起有次在印度貧民區遇到一個少年，少年跟家人對他很親切。

「真的讓我很訝異。這樣說或許有點誇張，但直到現在，我仍會希望自己在回來日本之後，也不會變成沒臉面對那些孩子的人。從亞洲得到的東西，是我後來生活的基幹。」

他靜靜地說著。在這重重深山前，我聽到了一個答案。

畑中典之

Noriyuki Hatanaka 35歲 自營

從大學畢業前就開始參加民間的義工隊。
之後沒有就業，持續了幾年義工活動。
87年菲律賓，88年印度，89年韓國、菲律賓，90年菲律賓。
然後參加92年總務廳主辦的活動，搭上「東南亞青年之船」。
這是最後一次，後來就沒再出過國。現在，在自家的文具店工作。

「87年夏天出去，之後也沒有找工作，打算要從事國際援助活動而離開日本。
想一輩子都在發展中國家活動與生活。」

「過了大概連續四年一直在打工、每年初春就出國的日子。」

「開始思考自己為什麼活著、生存的意義到底是什麼？」

「就算是貧窮國家的人，大家談到自己國家或住的地方，也是充滿驕傲的。
因為他們對自己國家的歌、舞蹈都很自豪。可是我自己並沒有這樣的東西。
那時便想，身為日本人，總得學一個什麼在身上。然後，就開始打太鼓了。」

「我不會想要用別人的標準來活。」

「從亞洲得到的東西，是我後來生活的基幹。」

松宮陽子

Yōko Matsumiya 23歲 劇團成員

隸屬於在名古屋演出的劇團「少年王者館」。

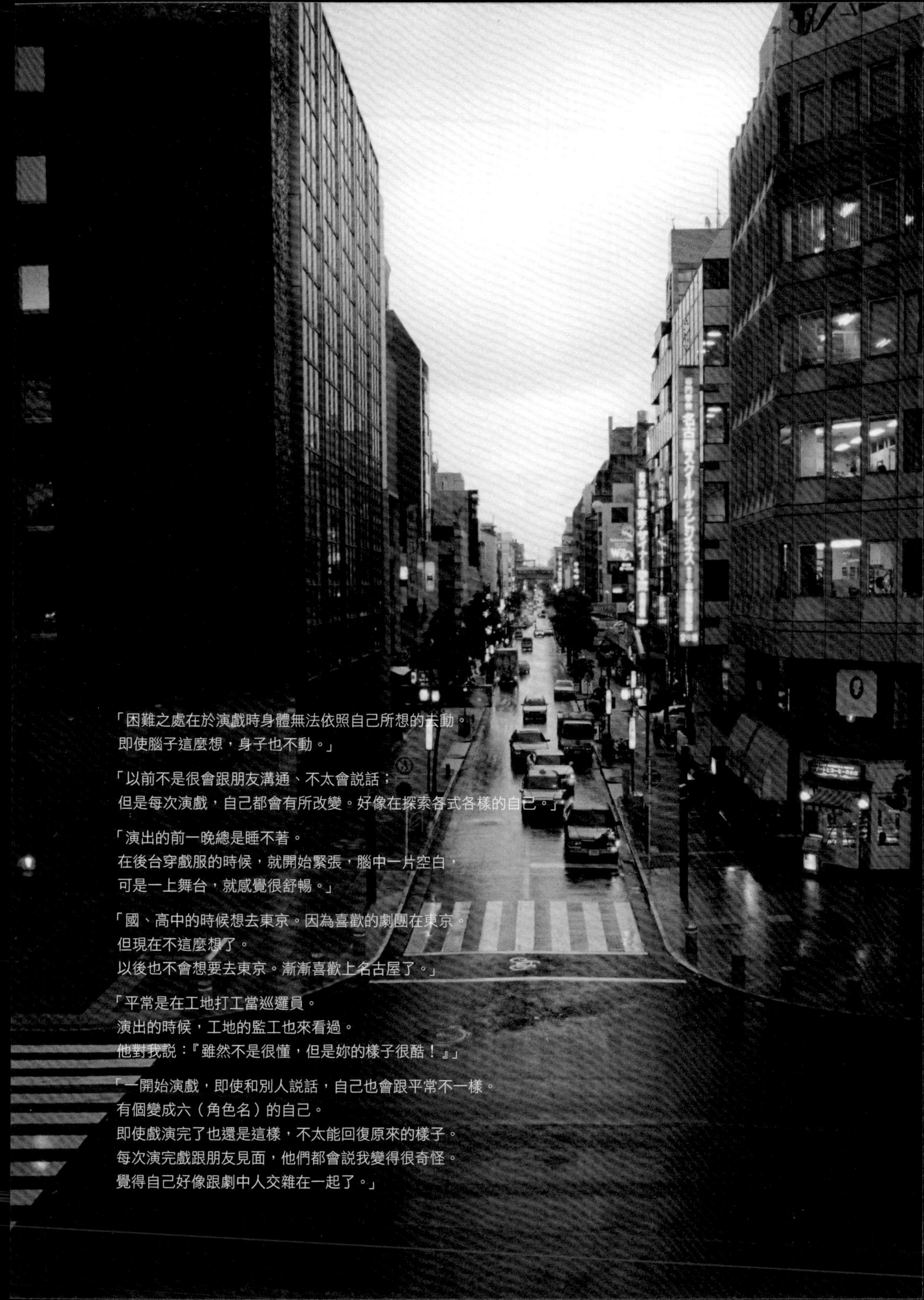

「困難之處在於演戲時身體無法依照自己所想的去動。
即使腦子這麼想，身子也不動。」

「以前不是很會跟朋友溝通、不太會說話；
但是每次演戲，自己都會有所改變。好像在探索各式各樣的自己。」

「演出的前一晚總是睡不著。
在後台穿戲服的時候，就開始緊張，腦中一片空白，
可是一上舞台，就感覺很舒暢。」

「國、高中的時候想去東京。因為喜歡的劇團在東京。
但現在不這麼想了。
以後也不會想要去東京。漸漸喜歡上名古屋了。」

「平常是在工地打工當巡邏員。
演出的時候，工地的監工也來看過。
他對我說：『雖然不是很懂，但是妳的樣子很酷！』」

「一開始演戲，即使和別人說話，自己也會跟平常不一樣。
有個變成六（角色名）的自己。
即使戲演完了也還是這樣，不太能回復原來的樣子。
每次演完戲跟朋友見面，他們都會說我變得很奇怪。
覺得自己好像跟劇中人交雜在一起了。」

池田康一郎

Kōichirō Ikeda 27歲 林業

「主要的工作是在山上整理林地。
因為整地是在沒有樹蔭的地方，
夏天時會很熱，總是帶上兩公升的茶。」

「早上過六點起床。晚上十一點睡覺。」

「有個我很喜歡的地方。
河川清澈，雖然沒有管制，卻很少人去。
那裡有間以前上山工作的人住的小屋。
只要在那裡，心情就很好。」

「我喜歡除了冬天以外的季節。
冬天氣溫會降到零度以下，所以不喜歡。
雨天不用上工。
休息的時候就劈竹條編編籃子等。
還有，大多都是在看書，
植物圖鑑之類的……。」

「可燃垃圾都自己燒，廚餘就當肥料。
已經很久沒有倒垃圾了。」

「事情可以如自己所想地進行是最快樂的。
不管是讓樹倒下或是剪枝……。
最近有點喜歡工具。
喜歡買柴刀或是電動鏈鋸。
柴刀會越磨越小越薄。」

「一開始工作是用蠻力，
但是最近變得輕鬆許多。
擁有的工具多了，自然就輕鬆了。」

「一點一點、慢慢地了解山跟樹。」

「這行的老手工作毫無缺失，
也不會白費工夫。
希望自己有天也能變成那樣。」

剛插完秧的水田一片片從窗外流過。
等距排列的稻秧看起來像某種花紋，
也像是某種東西的粒子。
薄薄地延展開來的水平面，底下的泥。
感覺正要前往一個新的季節，而自己正處於當中。
水面總是倒映著天空、雲、山，以及山上的樹木。
然後，過了幾個像是公車站的小車站，
列車的確是朝長良川的上流前進。

長野
NAGANO
新潟
NIIGATA

中學時的同班同學開車送我回老家。
車是他最近剛買的新車。
在老家的客廳喝了麥茶。
朋友跟媽媽聊起了地方上的事。
我幾乎是完全沉默地聽著他們的談話。
在我眼前交會著土地的話，也就是方言。
像是邊聽著交會的語言邊在確認，
心想，自己好久沒有說這種話了。
更發現自己已經沒辦法自然地吐出這種語言。
「盡力而為」、「不是很好？」、「請吃」
過去聽起來理所當然的用詞，現在聽在耳裡卻有種微妙的異樣感。
當語言一點一點地距離越來越遠，
然後終究完全變成他人的語言了嗎？
在兩人面前，我想著這樣的事。

季節外的颱風過後第二天，我登上八岳。像是在繞行散布林中的池塘一般，我在原生林中前進。

北橫岳、麥草峠、白駒池、賽之河原、澀之湯，走著走著發現這裡是巨大的分水嶺。降在諏訪那一側的雨，流向諏訪湖，變成天龍川，然後流入太平洋。相反地，降到佐久那一側的雨，匯聚成千曲川，後改稱為信濃川，流入日本海。雨落下的地點不過差了幾公分，水的命運就開始流往完全相反的方向。我一樣是從八岳的山麓、諏訪，然後走向那最初一滴雨的終點新潟。相同的旅程。

和風吹拂著諏訪盆地，不禁讓人覺得果然是諏訪的夏天啊！因為高度約海拔九百公尺，所以即使是夏天濕氣也不重，很涼爽。這裡是我的故鄉，高中畢業之前的日子都在這裡度過。對那時的我來說，這個盆地中的一切就是全宇宙。我幾乎沒有離開過這座三百六十度全被山包圍的盆地。

想跟中學的同班同學見面。那人叫福田真隆，他從來沒有離開這城鎮到外地生活。中學一年級第一次見面時，他給我看他自己畫的漫畫。那漫畫非常精細，讓人想不到是出自與我同齡的少年手筆，故事也很有趣。從那以後，我們每次都聊漫畫與科幻小說，我也開始學他畫漫畫。他那時候說以後要當漫畫家。那個他現在就佇立在茅野站的出口，兩人上回見面已經是半年前的事情了。去年秋天，他專程到東京來看我的攝影展。

那時候我也覺得，眼前的他的確就跟中學時的他一樣；但是，覺得有個度過許多我所不知道的時光的他，重疊在那張臉上，站在我面前。

他現在並不是個漫畫家。夢想，終究還是以夢想結束。他在本地的佛具店工作，從高中畢業以來一直在同一個地方上班，今年是第十二年。

「正因為賣的東西特殊，更意識到自己賣的是一份心意。」他這麼說。

「因為佛壇大家一用就是百年、三代，跟車子不一樣，而且佛壇是讓人每天合掌膜拜的地方呢！」

幾個月前，我的祖母過世了；因為這機會，我家裡向他買了新佛壇。聽他這麼一說，才注意到的確是會用上百年的呢！

他評論在東京生活的我是「好像腦子裡有四角形的金屬抽屜」。

他還說：「那似乎是在都會裡生活下去的方法，一直住這裡的我沒那種盒子。」我心中真的抱著這樣的盒子嗎？但是，聽他說了之後，的確覺得自己變成了那種叫做都會人的傢伙。在他這麼說之前，我便已感覺到了。

半年前，他到東京來看我的攝影展，在下車的新宿車站向人家問路。有個人很親切地攤開地圖仔細告訴他位置，後來他拿出五百圓跟對方說：「請收下拿去買包菸吧！」

對方十分驚訝；這讓他覺得很意外。他形容拿硬幣給那個人，就像是「因為工作繞到農家去，回去的時候人家塞給你一球萵苣」。我雖然也能理解那種感覺，但現在的我已經沒辦法這麼做了。

不知從什麼時候開始，我已不再帶有諏訪的口音，因此說家鄉話的他與我的對話，顯得有些生硬。不過，在跟他說話的時候，我會脫口說出「是唄」（Zura），這說法等

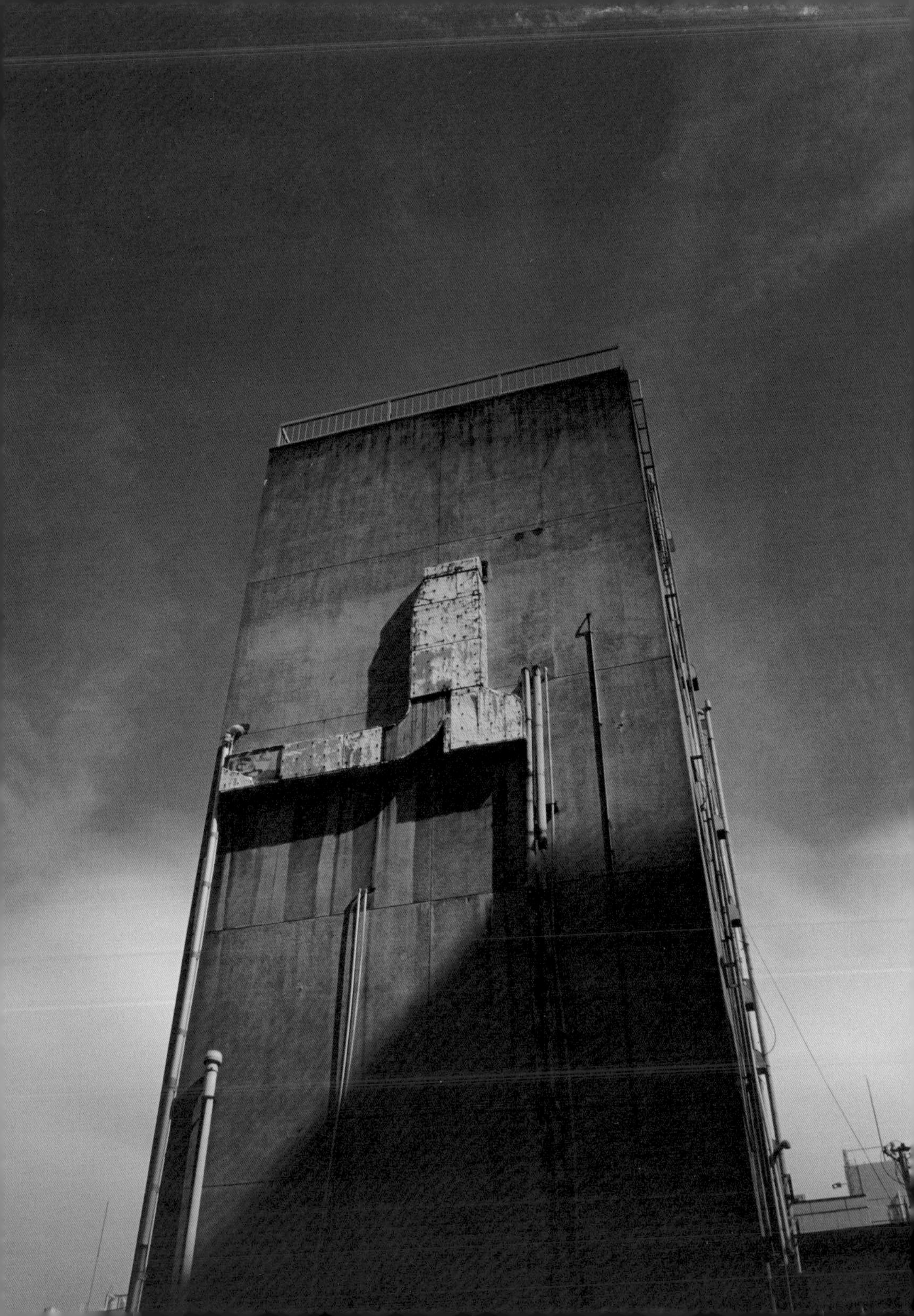

同於東京的「……是吧」的意思，我不知道已經多少年沒這麼自然地用上這個詞了。

看著火車窗外的諏訪湖，我前往諏訪盆地中叫做岡谷的小鎮拜訪一位陌生人。因為曾收到他的來信，只是知道這個人。他在看了我的書之後，寫了封信給我。

那封信令我印象深刻。用鋼筆寫得漂漂亮亮的信上說，他從東京的大學以及和菓子學校畢業之後，找到一份和菓子專門雜誌的編輯工作；後來離職去美國繞了一圈，去年秋天為了繼承家裡的和菓子店回到岡谷。那時只是讀著字面上的內容，我突然湧起了想見見這個人的念頭；會這樣想有一個很確定的理由是，他與我同是諏訪的人。

原昭德，二十七歲，店名叫做精良軒。他是創業百年的老店繼承人。

一樓店鋪的櫥窗裡陳列著和菓子；我跟他從店面旁邊走過，到三樓的辦公室聊天。那裡雖說是和菓子店的辦公室，卻洋溢著修車廠般的氣氛。他在信中提到，繼承家業「並不是延續，而是創造」。看到這房間，我覺得可以了解他這句話的意思。

我首先問他，十八歲時離開，二十六歲再回到這個出生長大的小鎮，有什麼感覺。

「感覺像是穿了尺寸不合的衣服。」

住在這個像是磨缽底部的小鎮，在有限的社群當中生活的不協調感。他好幾次提到這樣的話。

不過在東京與美國獲得的價值觀、經驗、想法，在這裡具體地動了起來。有時是他自己發想出來的和菓子，有時是廣告中自己寫的短文。身處盆地中的感覺，以及想把這種感覺稀釋掉的念頭，同時並存在他身上。

「剛從美國回來的時候，覺得只要有二十四個小時，全世界任何地方都去得了，所以連舊金山都覺得是很近的地方。但是，一回到這裡來，從茅野或是富士見來的客人就算是遠客了。」

對這從小生長的小鎮，從未曾對它有過任何懷疑，一切也都如同以前一般；但同時，一旦離開這裡、經過別處再回來，小鎮看起來卻完全不同。他就在這夾縫間擺盪。我自己也有同樣的感覺。就某種意義來說，這是離開成長之處的人所懷抱著、像宿命般的東西。

經過松本、長野，往新潟縣前進，呆呆地看著火車窗外的風景。途中，火車開始往下行駛，城鎮的氣氛也變了。這裡確然就是縣界。

我置身在連綿不斷田地的綠意中。這裡是中頸城郡吉川町，因為是越後釀酒師（杜氏）的故鄉而聞名。這裡的吉川高中設有日本唯一的釀造科。

我聽著三年級的角張雄亮、前田泰伸、北嶋隼人三人有一搭沒一搭的聊著。他們身後是日本酒的釀造槽。濃重的植物氣味，從下著雨的窗外一陣陣重疊飄了進來。

「因為這裡是鄉下啊！」三個人都說了同樣的話。

角張跟前田希望進大學的釀造系，以後從事釀酒相關工作。

「我覺得酒不只是讓人醉，而且還是能讓人看到夢想的東西；所以，我希望能創造那樣的夢想。」前田說。

我問他們，對自己生長的這個地方抱持著什麼樣的感情。

「不喜歡也不討厭。說不上任何感覺。」

「跟都市比起來，可以做的事情太少了。」

聽到他們的這些話，我突然又鮮明地憶起了自己的高中生活，想起在諏訪盆地中的自己。他們對突然從東京來到這裡的我，有什麼感覺呢？其實是想問這問題的，卻不知要如何開口。

一個星期後，又來了一個新的颱風！車站裡的電視報導說，今天晚上新潟也會進入暴風圈。我在這樣的情況下搭上了往村上的火車，途中交通卻因為大雨而中斷。沒辦法只好折回新潟市。

想試著走到海邊，便舉步出發。途中渡過了信濃川。一個星期前，起初在八岳只是一滴的雨，變成巨大水塊出現了；最後，被雨拍擊著的日本海橫在眼前。我想著直接降到海裡的雨，與漂流了很長一段距離後抵達這裡的雨的命運。生落之處，誰也無法選擇。從某個角度來說，這點與人很相似。

穿著運動服的高中生在白天的商店街上走著。紅藍綠橘的塑膠花掛在等間隔排列的街燈下，影子就這樣投射在柏油路上。那影子有時落在高中生肩頭，然後再落到柏油路上。看著高中生的背影，想起過去的自己。跟十幾年前沒有任何不同的車站前，小咖啡店門旁用圖釘釘著泳裝女孩海報的泛黃記憶。我閉上眼睛。遠處傳來像斷了發條般的蟬鳴，與商店街的有線電視播放的流行歌曲疊在一起。彷彿一旦夏天持續下去便會繼續繁殖到把盆地蓋掉的群山綠意，在它上頭不斷湧起的積雲的白。微微的草味。強烈的陽光。微風從諏訪湖方向吹來。

月桂冠

福田真隆

Masataka Fukuda 29歲 上班族

「鄉下人雖然説話粗俗，但內心卻有柔軟的地方。
也有說了就能理解的地方。」

「只要沒發生什麼大事，我沒打算離開這裡。」

「當然有值得驕傲的地方。可以自豪『我是諏訪人』。」

「諏訪從上往下是藍色、白色，然後是火山灰的紅土色。」

「不敢搭電車。因為直到現在從沒搭電車去上班過，車站很可怕。
所以東京的車站對我來説像外國一樣。」

「我想知道東京的優點，想聽。
常常聽人家説討厭東京，誰也不説好話。
東京一定也有優點的，想聽聽看。」

「這聽來可能有點銅臭味，不過東京人有沒有立墳墓啊？」

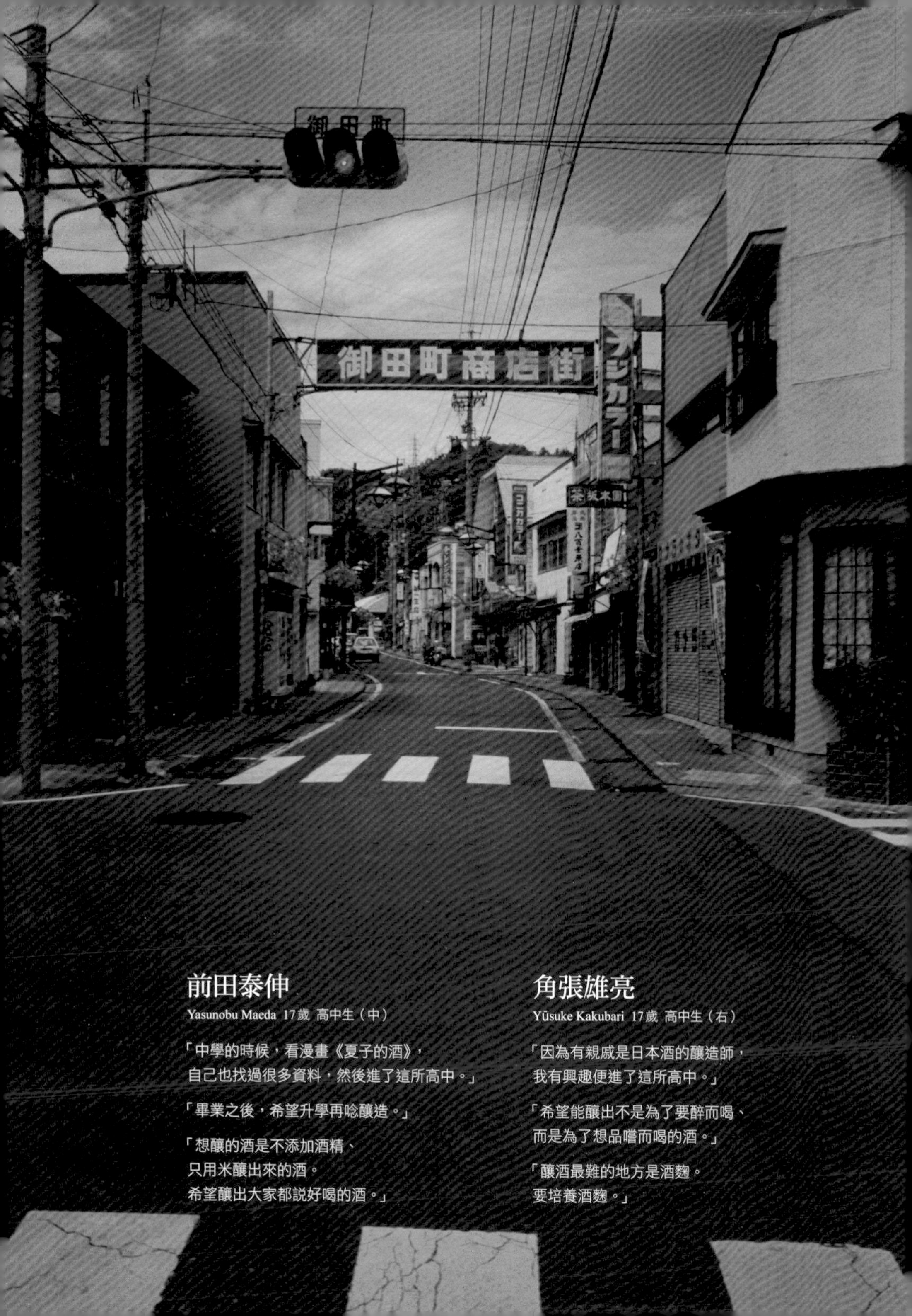

前田泰伸

Yasunobu Maeda 17歲 高中生（中）

「中學的時候，看漫畫《夏子的酒》，
自己也找過很多資料，然後進了這所高中。」

「畢業之後，希望升學再唸釀造。」

「想釀的酒是不添加酒精、
只用米釀出來的酒。
希望釀出大家都說好喝的酒。」

角張雄亮

Yūsuke Kakubari 17歲 高中生（右）

「因為有親戚是日本酒的釀造師，
我有興趣便進了這所高中。」

「希望能釀出不是為了要醉而喝、
而是為了想品嚐而喝的酒。」

「釀酒最難的地方是酒麴。
要培養酒麴。」

北嶋隼人

Hayato Kitajima 17歲 高中生（左）

「將來不打算當釀酒師，希望從事音樂相關工作。
希望工作跟業餘樂團有關。」

想從新潟車站往北，打算到村上的小鎮。因為想看海。然而火車途中就不再前行，因為同時有季節外的颱風與梅雨，大雨造成車班混亂，沒有辦法只好折回新潟。

從新潟車站往市內的海前進，終於抵達的海，出乎意料地安靜。

下著的雨一滴接一滴地落入海面，海的姿態也隨著改變。

海附近的風景當然是充滿了海的氣息。房子、隨著海岸線彎曲的柏油路、往風吹的方向倒下的青草、消坡塊、招牌上半數剝落的油漆、水族館白牆的裂縫、撐著黃傘走路的小學生隊伍，全都處在像海這液體延續的漸層中。上回這樣遇到日本海是在山陰。下關以來第一次看到下著雨的海。看著不斷溢出水滴的海，想起大雨洪水警報已經發布。

フラワーショップ大野

感覺火車開始往下駛。

因為直到剛才都在往上爬的火車傾斜角度不一樣了。

朝著日本海往下駛去。

火車剛剛通過了長野縣與新潟縣的縣界。

來到遠方的情緒猛然湧上，又突然消失。

風景明顯變了。原本是重重山區封閉著的景象，

漸漸地天空越來越開闊，然後變成了平緩的地形。

終於到了柿崎站。聞到了潮香。

在空無一物的車站前。

東北
TOHOKU
IN SUMMER

北上川
k i t a k a m i g a w a

車站前的食堂裏，放在靠近天花板棚架上的電視，
正在報導白天舉行的當地高中棒球賽預賽結果。
在紅土上身穿白色制服的清瘦少年們跑步的身影接連出現。
棒球帽下的每張臉孔都喪氣地露出令人無法忽視的陰沉。
店外傳來不曾間歇的蟲叫聲聽起來像是耳鳴一般。
在幾乎沒有客人的店內角落，我邊翻著當地晚報，吃著親子丼。
報紙有一版也是高中棒球賽的結果。每翻著報紙，那聲音就會傳入耳中。
像是想起什麼似的，傳來火車通過遠處的聲音。
只有軌道與車輪摩擦的金屬聲，斷斷續續地傳來。
就好像黑暗中唯一一條繃著的光絲般，要斷不斷。
像絲線一般深沉的、深沉的黑暗。
宛如眼前桌上的醬油般黏稠液體的黑暗。

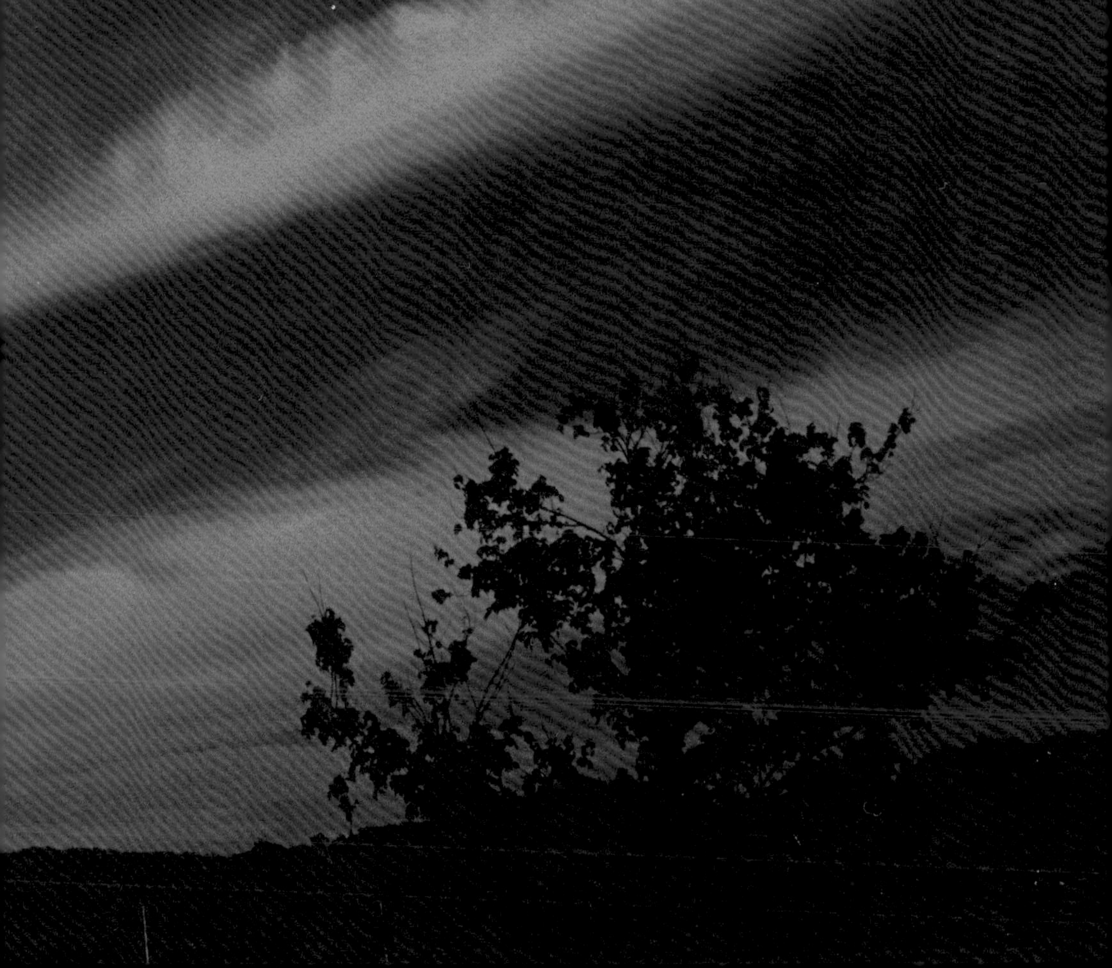

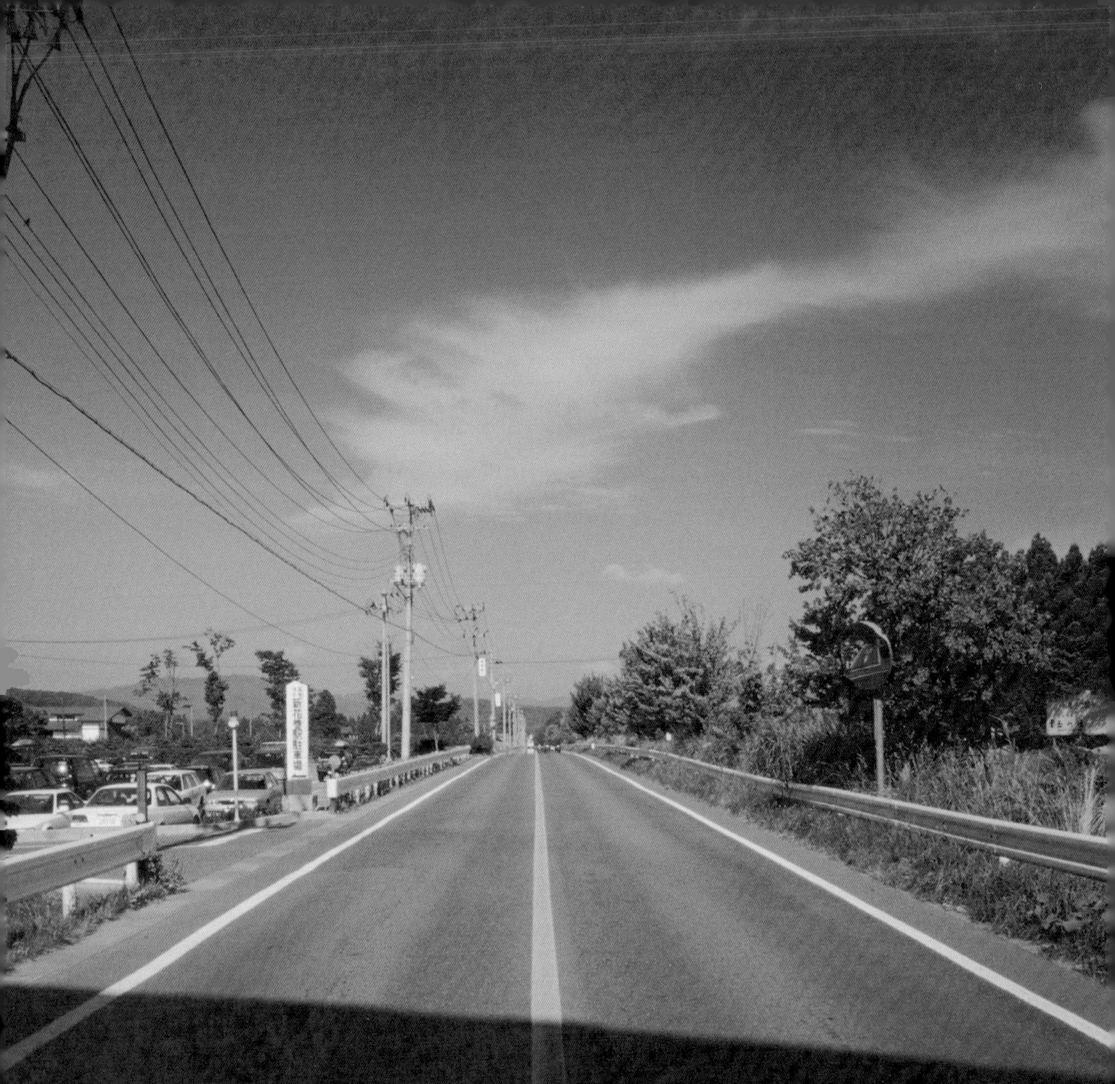

季節流轉著。

透過視覺便確切地感受到。我邊走在花卷街道上，邊這麼想。

走在北上川河堤可看到的遠處水田，與在新潟看到的顏色明顯不同。

那一片深綠色是因為稻子正在抽長。

夕陽、遮在那前頭的雲、那輪廓、吹來的風、高中生白色制服摩擦時的沙沙作響、北上川的流水、河堤上草的味道，這些都確實有著濃厚的夏天色彩。

濃密而短暫的夏天色彩。

來到這裡，我想也只有這裡

能誕生宮澤賢治的作品吧！

有人在河裡游泳。好久沒看到人在河裡游泳的身影了。
短短的，真的很短暫的夏天就在眼前。這是像銳角般剎那即逝的夏天。
這裡沒有以前在沖繩遇過那骨架壯碩地橫在眼前的季節。
這裡的夏天，朝著中心的盂蘭盆會那幾天逼升而上。
不久，到達頂點之後，接下來的夏天便只是墜落而死去了吧！
古城遺跡改建的公園裡，
不知是大學生或高中生的幾個年輕男女不斷在練習演戲。
黑色的影子激烈地不停動著。
看他們那副模樣，突然想起還在學攝影的時候，
同學裡有個來自盛岡的女孩。
雖然很容易就憶起她的臉孔，但無論如何就是想不起她的名字。
在東京人家問她是那裡人時，她總是說「盛岡出身」。
不是說「岩手縣出身」，而是「盛岡出身」。

不是紙上的鉛字，而是活的話語——聽了他唸的詩，我第一次發現這件事。

從花卷，搭乘以前稱為岩手輕便鐵道的釜石線，前往一個叫遠野的小鎮。據說宮澤賢治的《銀河鐵道之夜》就是以這條路線為雛形的。

遠野位在四面八方都被山林環繞的盆地裡；群山深處有座因山岳信仰而聞名的早池峰山。我與住在那山麓的千葉和碰了面。

他在岩手縣出生；因為父親工作的關係，住過縣內好幾個地方。因為上大學，他第一次離開岩手；四年級時對有機農法感興趣，便沒有就職而去拜訪住在四國的農業系老師；之後，又去了美國與加拿大曾孕育出嬉皮文化的公社。還曾以義工身分去過中國、印度的農場。

「以前我討厭日本，在美國的時候曾經想過要一直留在那邊；但是食物還是不合胃口，食物不合就表示氣候也不適合自己。因此便回來日本，陸陸續續待過岩手好幾個地方……。」

也因為喜歡宮澤賢治，原本想在花卷住下來；但找不到好地方便選到遠野這邊來了。

他到早池峰神社參拜的時候，曾遭遇過一個不可思議的現象。

「參拜完，一跨出步，不知道是高興還是什麼，竟然眼淚一滴一滴掉下來，覺得，『啊，就是這裡了』。」

ラーメン・丼類
三平食堂
なにわ本店
中華料理

當時他太太在相隔有點距離的地方，說他看起來像是突然被光包圍。他又告訴我幾個超自然現象，並說附近發生這種不可思議的事情是家常便飯。

現在，本業是早池峰山巡邏員的他，在工作之餘發行了一本情報雜誌《*pahayachinika*》（註：這個字是早池峰的蝦夷語發音，意為「東陸下」。根據傳說，日本列島誕生之際，此處最早被大氣所覆），還組織了「**pahayachinika**俱樂部」，長期招募會員。

「因為去過一些國家，覺得年長者的智慧跟技術十分寶貴，不保存下來不行。這裡有鄉下的豐裕。我覺得物質文明是沒有未來的。宮澤賢治創造出了一個理想國**IHATOV**，我也想像他一樣，所以為了尋找自己的理想而出國。但是繞了一圈回來，發現那就在自己內在，就在腳下。只是，如果自己什麼都不做，是不可能發現這件事的，也沒辦法知道那東西並不存在他方。然後就走到現在這裡了。」

他說自己不打算離開這裡，希望更深更深地進入這一個地方。

「因為早池峰山，是有力量的山。」他說。

每天都一片晴朗。聽到報導說四國、中國地區有颱風登陸，也像是跟自己無關。我經由盛岡，前往秋田。然後足跡再從秋田市延伸到男鹿半島。

一群國、高中生聚集在男鹿市一間小小的小學體育館前面。為了看下午三點開始的摔角比賽，他們從三個多小時前就在這裡等候了。以東北地方為中心表演的團體——「陸奧摔角」，今天到這裡比賽。

在比賽開始的幾個小時前，我見到了一位摔角選手——Dick東鄉。坐在長滿了草的庭院裡的長椅上，我問了他一些關於摔角與東北的事。

「我在中學的時候是被欺負的孩子。那時候知道有摔角，然後希望自己也能變成那樣，就是這麼開始的。」

這回答跟他鍛鍊得十分強健的體魄非常不搭調。到目前為止，他曾參加過很多團體，還曾遠赴墨西哥一年。

「墨西哥很好玩。自己走到公車站，搭公車去會場參加比賽。」

「對你來說，摔角是什麼？」

「像是冒險一樣的東西吧！看自己能夠走到什麼地方的冒險……。」

終於，比賽開始了。

在三對三的對抗賽中，他登場了。比賽開始十分鐘之後，他登上角落圓柱，從那裡背對擂台，在空中一個迴旋，躍下壓制住倒在擂台上的對手。這就是後空翻下潛墜嗎？他剛剛說，那是他的拿手招式。

在沒有冷氣的體育館中，所有人都盤腿坐在鋪著墊子的席位上，搖著扇子。

突然，我感覺到夏天。有點危險、剎那間的東北的夏天便在眼前。那就像剛剛的後空翻下潛墜般，在一瞬間落下的短暫。

藤原正道

Masamichi Fdjiwara 28歲 自營

「從上野站搭火車回鄉下時，聽到家鄉話便覺得安心。
看到臉，或聽到話，就知道了。」

「我在東京中野住了九年。三坪大的房間，一次也沒搬過，住到今年二月。」

「一直在（東京的攝影）工作室當助手。很辛苦，不過學到了很多技術。」

「可能是因為在這種地方長大，所以不喜歡人潮。我覺得自己不適合東京。」

「讀了宮澤賢治的作品後，見識到土地的力量可以讓人勞動。」

「對我來說，照片就像是自己活著的證據一般。
覺得是從自己體內湧出的某種東西，把相機擺在手上。
很難用言語來形容；但在拍照的那一瞬間，能感覺到一股充實感。」

「希望能兼顧家裡照相館的工作，以及以創作者的身分拍照這兩件事。」

「喜歡的攝影家有愛德華•威斯頓（Edward Weston）跟奈良原一高。
我喜歡靜止的照片。」

「不太有要藉著照片傳達給誰什麼訊息的意識。
希望被肯定，希望人家了解，這種心情倒是有。
不過終究都還是為了自己吧！」

嗆鼻的草味。無止境的果園與田地。
早在摔角比賽開始三個小時前，小學的木造小體育館前水泥階梯上，
就已有少年們的蹤影。
戴著面具的摔角選手全身上下只穿了條緊身短褲，
跑去遠處田中央的自動販賣機買可樂。
好不容易，抱著好幾罐可樂回到體育館裡的休息室。
走在一片青綠中的摔角選手，看起來像是外星人。
「老虎面具買可樂回來了喔！」
一個少年大聲喊著。
在盛夏的風景前，想著這裡的冬天，想像完全相反的風景。
這溢滿了草味的風景前方，更深處潛在著另一個空間。
這就是東北的夏天。

Dick 東鄉

Dick Tōgō 27歲 摔角選手

「開始對摔角感興趣是中學時。在那之前老被欺負。
不知道什麼炸彈摔之類的招式，突然被整。
那時候剛好看到摔角，才知道有這種東西，
自己也想試試看。」

「高中畢業時，參加了一個摔角團體的入團考試，
可是沒考上，就到靜岡縣的造紙工廠上班。
不過，還是一直想摔角。」

「大部分的摔角團都在各大都市間移動。
我們（陸奧摔角）則是巡迴小鎮或鄉村，
而且因為場地都沒有椅子，
所以離觀眾更近，看起來應該更有臨場感。」

「在老家（秋田縣大館市）時也是；雖然不是特別在意，
但想到有認識的人在，還是會想給他們看精彩的。
裡頭也有一些當初反對我當摔角選手的人，
就會想讓他們看看，我現在是這樣好好努力著。」

「有一陣子差點連飯都沒得吃，
那時候家裡要我放棄回老家。
但像現在這樣已經能自力更生，他們便繼續支持我。」

「最擅長的招式是後空翻下潛壓。」

「不曾在比賽前害怕過。
因為一想這些事情，就很容易受傷。
只要一聽到自己的主題曲播出，就士氣高昂了起來。」

「我尊敬的人是墨西哥一位叫艾爾沙旦可的摔角選手。」

「希望有天可以環遊世界比賽。
看看其他國家的摔角選手、摔角，還有那個國家。」

「在墨西哥停留一年長期參加比賽的時候，
一邊學西班牙語，還自己去公車站搭車去比賽。」

「對我來說，摔角就如同冒險一般；
試試自己能走到哪裡的冒險。」

「童年玩伴，大家都結婚生小孩了，都變成歐吉桑了。」

「很慶幸自己沒有成為上班族。」

青森
AOMORI
函館
HAKODATE

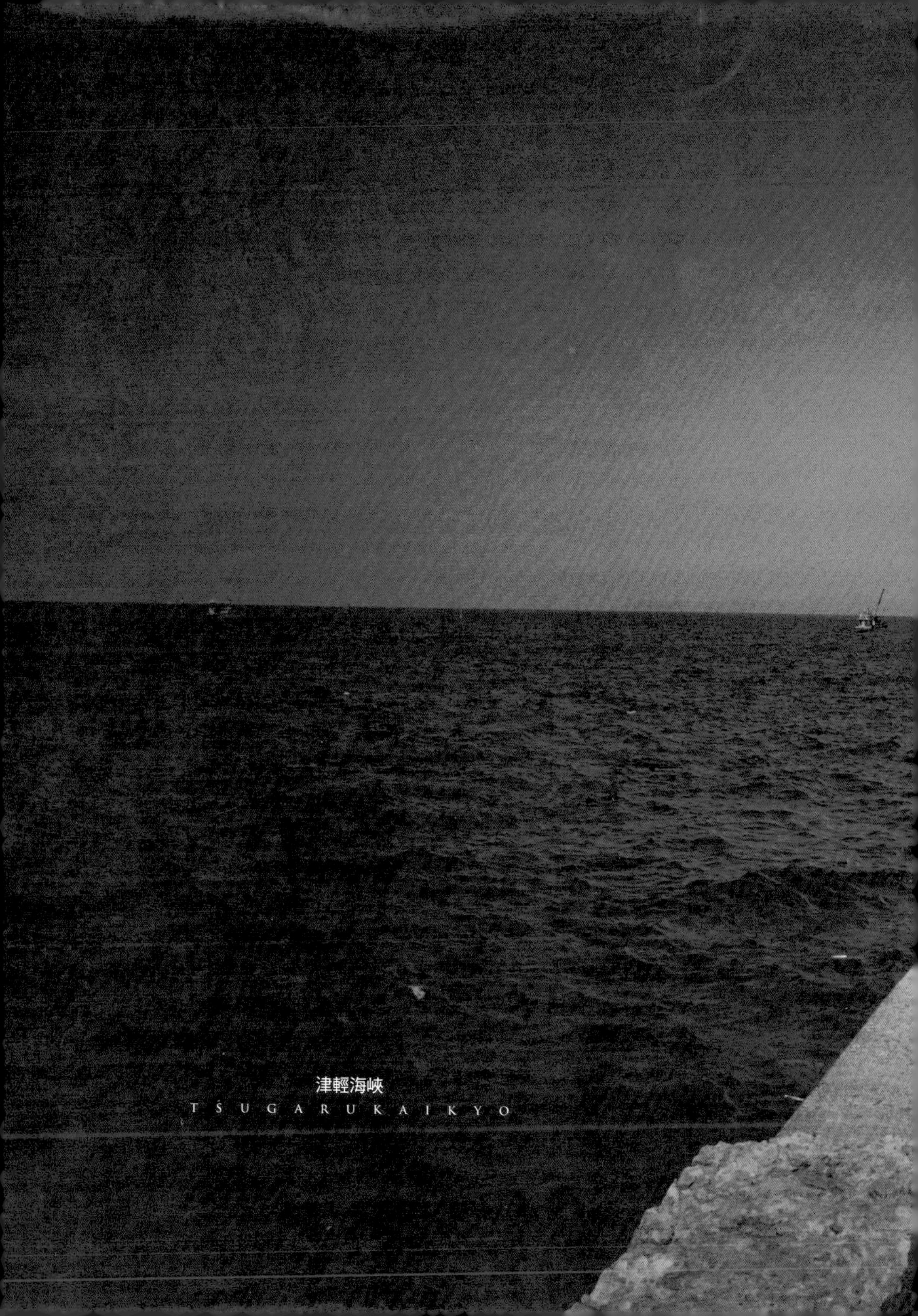
津輕海峽
TSUGARUKAIKYO

在車站前的書店，買了寺山修司的《旅之詩集》。

翻著書頁，我覺得他真是個生在終點小鎮的人。

帶著這本書，從小鎮外的起卸貨港搭上了往函館的渡輪。

海非常平穩而湛藍，但風還是冷。

想了一下，從沖繩開始的旅行中，已經渡過幾處海峽，看過多少處海。

然後，按下了快門。

抵達函館後，發現這裡不是終點，也不是盡頭，也不是死路。

之前的沉重都一掃而空。

口音很重的方言也消失了。這裡果然是片新天地。

津輕海峽矗立在眼前。海色深藍，隱隱看得到下北半島在遙遠彼方的朦朧霧靄中。水泥堤防上稀稀落落有幾個看起來百無聊賴的釣客。告知夏日結束的凜冽寒風從海峽吹往堤防內側。想起剛才在車站遇到的老人說：「這裡過了盂蘭節，就是秋天了。」

七年前，我曾獨自在冬天的青森旅行一個星期。為了那一年即將與朋友合辦的攝影聯展，而來此拍攝作品。帶著非常大張的白紙，想以此為背景拍攝青森人在冬天的肖像。

那時我貿然地拜託偶遇的人：「請讓我拍張照片。」對方答應的話，便當場架起立架、掛上白紙，拍照。對突然出現在下北半島末端與津輕半島、看來可疑的我，大家都非常親切。再度站在這個立架曾在吹雪中瞬間飛走的青森車站，我鮮明地憶起當時的景象。

呆望著海，想起二月搭船渡過九州門司到本州下關間的關門海峽。在那之後半年，我來到了另一端像是死路般的盡頭。

在青森過了幾天後，前往靠近秋田縣的弘前。夏天的睡魔祭剛結束的城市顯得靜悄悄。走在弘前城遺跡，護城河畔的櫻花枝頭已經開始出現紅葉。我覺得自己不是置身於夏天的結束，而是在秋天的初始。

心裡盤算著要在這裡聽聽看津輕三味線。因為曾在這趟旅行的起點沖繩石垣島，聽過用蛇皮繃製成的三弦琴的音色；那聲音如同沖繩的藍色海洋般溫和，而且有著像過藍天空般哀愁的音色；所以我想，津輕三味線說不定也會表現出津輕的風景與氣候。

可以欣賞到三味線演奏的「山歌」位於車站前；我在這裡跟演奏者澀谷和生見了面。他在中學畢業後便進入了這個世界，擁有在津輕三味線全國大會中連續三年奪冠的輝煌成績。

一位讓人覺得純樸二字簡直像是為他而造、沒有任何虛矯的青年。為他拍照時所聽到的音色激烈而狂亂，跟我在沖繩聽到的明顯不同。

關於這音色，我問：「這是在表現冬天的吹雪嗎？」

他點了點頭。

「我在彈奏的時候，腦中浮現的是由地面捲起吹雪的景象。激狂的音色表現的是雪、津輕冬天的寒冷與嚴酷。」

有時候，人，還有人投入感情所彈奏出的樂音，一定會反映出那塊土地像磁場般的吸力、風景、季節、顏色，並且讓人沉浸其中。

對他來說三味線是什麼?他的回答是：

「因為覺得生在津輕，就該表現生長之地的風土，不這麼做不行。操著津輕腔、看著岩木山、聞著土的味道、體驗寒冷，就會有好聲音出現。」

懷想岩木山隨興彈奏的他，在四季當中最喜歡冬天。

「遇寒雖不會長出年輪，但能產生力量。寒冷反倒變成一股暖意。」

他說，每年他會真的去站在雪中彈一回三味線。雖然手因為酷寒而動不了，但卻像是不想因為輸給寒冷般，拚命彈著。

從他口中聽到好幾次「津輕」這個詞。

「強烈地覺得，津輕是我的故鄉。」

非常有力量的一句話。土地與人，有時是呈現同一個形狀。

第二天，我從青森港搭渡輪，越過津輕海峽。非常晴朗的天空下，下北半島一直都在右側。本州的終站越來越遠。東北本線那突向海面的生鏽軌道終止了。空空蕩蕩的渡輪，跟以前的青函渡輪幾乎一樣要花上四個小時，以新天地函館為目標前進。我繼續躺著讀昨天在車站前小書店找到的寺山修司的書。終於，函館山像突起小島般地浮現。

所謂的港口城市總是頗為相似。我第一次對函館有這種感覺。肩負著登山大背包的年輕人、累躺在長椅上的老人、花三十四年騎自行車環遊世界的德國人、車站前像迷宮一樣的市場。在這樣的風景當中，我想起了那霸、長崎、下關。只擁有海陸邊界線的風景、只在那種地方可見的人們身影，的確存在。

朝函館山上坡的途中，有個發射區域涵蓋函館與附近村鎮的電台「FM海豚」。我在那裡與一位節目DJ松枝千繪見面。她負責星期一到星期五、早上九點到中午十二點的節目。從播音間望出去，可以看到函館市跟遠處的海。她說她喜歡看著這樣的風景說話。

「我最喜歡傍晚，景色從明亮轉暗的那一瞬間。」

這樣的她在一年前坐到了麥克風前，早先是擔任節目製作的工作。

「當DJ對我來說是一種良性壓力。做起來愉快，卻也是一種磨練。開始主持節目之

北館

後，我感覺到一種或許會對聽眾造成影響的責任感。」

她說函館出身的GLAY在紅遍全國之前，函館就常常有人點他們的歌。

「由衷希望GLAY好好加油。他們第一次登上音樂雜誌封面時，我開心得就像是自己家人登上了封面一樣。」

她說，北海道出身的音樂人有不少希望藉著音樂傳達某種訊息。這大概與風土有關吧！

之前她在北海道幾個面海的地方生活過。

「對我來說，海像是理所當然地，總是在身邊。如果住到沒有海的地方，一定會覺得怪怪的吧！因為長久以來看的都是灣內的海，所以被圍起來的海最能讓我定下心來。」

GLAY還是個業餘搖滾樂團時，第一次的公開表演場地是函館車站附近巷子裡的「aundo」表演廳。我來這裡跟經理笹井完一聊了以後才知道這件事。他從GLAY還是高中生的時候就認識他們了。那時的GLAY有沒有什麼明顯跟其他樂團不一樣的地方？

「在這裡表演的時候沒有特別的感覺，只覺得他們是眾多高中生樂團之一。不過那份努力，以及演唱的是自己創作的歌曲，都是很少見的。」

眼前是有點陰暗寬闊的空間。椅子被整理好之後靠在旁邊。牆上的刮痕、髒污。

「他們高中一畢業就去了東京。」他說。

人在這個地方，想到那東京時，很奇妙地，覺得像是個遙遠的都市。

之後我又聽了不是ＧＬＡＹ、而是當下就在我眼前的他的東京故事。他從函館的高等專科學校畢業後，就到東京京濱島的電鍍工廠上班。他說，四月便開著櫻花這件事讓他覺得很不可思議。

「不管看到什麼東西，都會覺得，『啊，東京，這就是東京』。」

過了兩年，他決定回到函館。

「那時還是覺得回來好了，東京不過就是這樣嘛。」

問他決定回來最主要的原因是什麼?他想了一下回答：「原因是在東京的生活吧！工作是滿愉快的，但若是在那裡結婚，我想就再也不可能回來了吧！……」

於是，他回到函館，回到以前打工的「aundo」。他自己也玩音樂，大概每年會在店裡登台表演一次。聽他這麼說，我想，事實上他當初或許也是為了玩音樂而去東京的吧！

那天晚上在商務旅館的狹小房間裡，躺在床上時湊巧在一個音樂節目裡看到ＧＬＡＹ。有個聲音播報著他們ＣＤ的銷售量是本週第二名，然後唱著〈HOWEVER〉的四個人出現在螢幕中。

看著他們，感覺這裡離東京果真遙遠。電視裡頭播著的是東京這沒有現實氣息的虛幻影像，播放的是不實際存在、並不真實的東京。這一邊的許多人，看著走到那一邊的人。

港口城市必定會有股相同的氣味，有著相同的風景。
這是因為日常與非日常混雜在一起的關係嗎？
花五百日圓，向一位騎自行車環遊世界三十四年的德國人，買他的照片。
揹著大登山背包的學生在車站前走來走去。
候車室裡好幾個上了年紀的男人滿臉倦容地睡著。
船、海、城鎮、鐵路、候車室、旅人。
在車站前的長椅上看著地方報紙，忽然，想起爺爺。
常聽母親說，幾年前過世的爺爺，
在年輕的時候，只要一到冬天，就會跑到北海道。
據說是為了賣鋸子。至於為什麼會是在冬天，
我想自己當時一定問過了，但現在卻想不起原因。
爺爺在幾十年前一定也經歷過
像我現在這樣坐在長椅上所看到的情景吧！
走過這個既是進入北海道的入口、也是往內地去的出口之地。

澀谷和生

Kazuyo Shibutani 27歲 三味線演奏者

「中學畢業後進入了三味線的世界。
當初雖然多少也迷惘過，但是我決定要一輩子走這條路，
一生投入津輕的文化。」

「三味線幾乎沒有樂譜。
腦子裡一邊想，一路彈下去。
很深奧的。再怎麼彈也學無止盡。」

「一邊彈，腦中會浮現岩木山或地面捲起吹雪的風景。
彈得很狂亂，是為了表現津輕的寒冷與嚴酷。

「有人跟我說，三味線聽起來
像是講津輕話一樣。」

「我對津輕有種很強烈的『我的家鄉』的情感。
也有人會羨慕我，在津輕出生，
說津輕話，彈三味線。」

「聽聲音就知道情緒。」

「最喜歡的季節是冬天。然後是春天。
因為會開蘋果花。我有時候會在蘋果園中彈奏。
聲音在樹與樹之間激盪，音響效果很好。
也在雪中彈過。手指因為冷而動不了。
為了戰勝寒冷，拚命地彈。」

「如果住到津輕以外的地方，
我想自己就會少掉像味道一樣的東西吧！
看到蘋果的紅，就會覺得這裡是津輕吶！」

安くておいしい卸の店
嶋中りんご店
きもの処
産地直送
りんごのしまなか
丸太通りⅡ

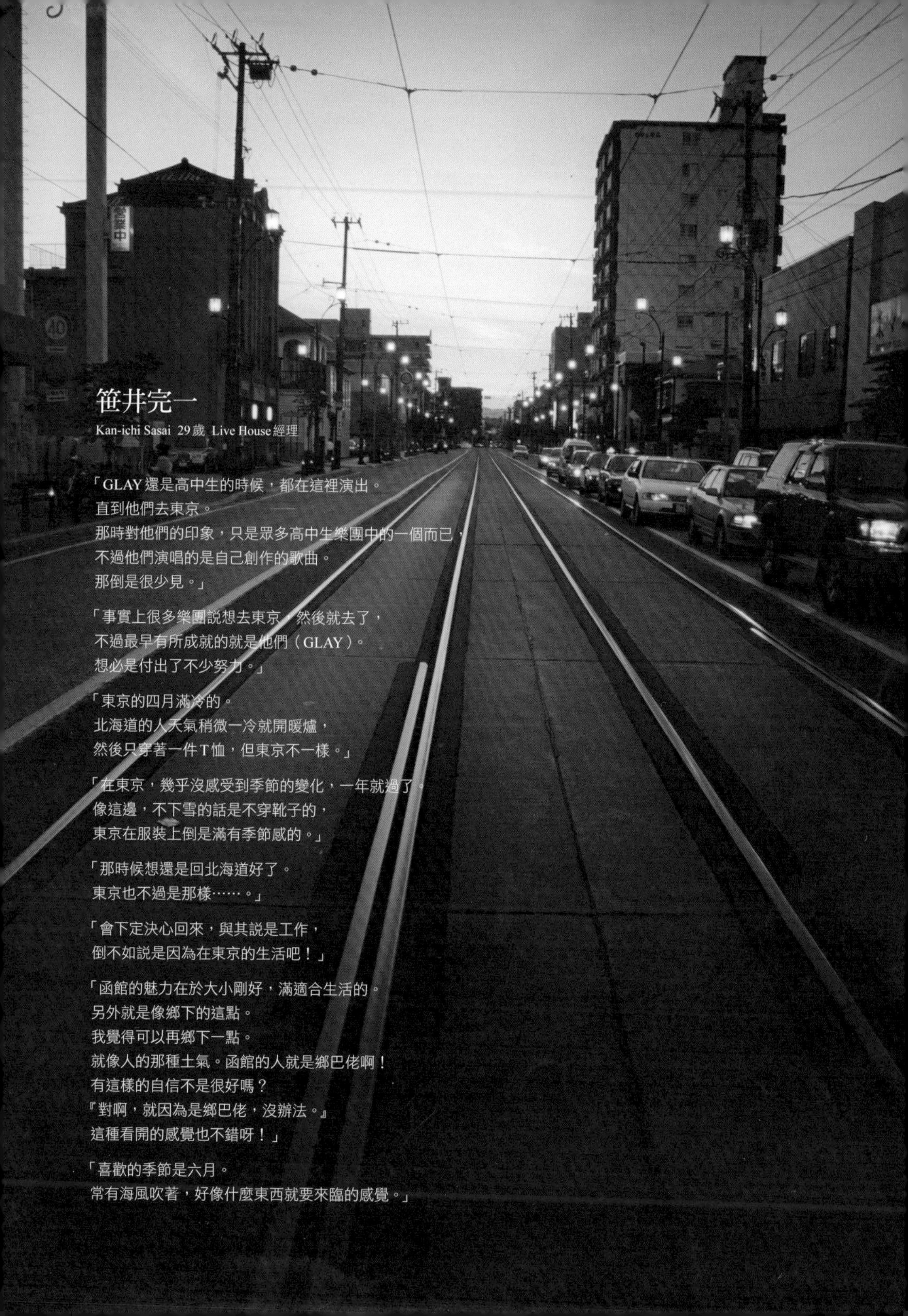

笹井完一

Kan-ichi Sasai 29歲 Live House經理

「GLAY還是高中生的時候，都在這裡演出。
直到他們去東京。
那時對他們的印象，只是眾多高中生樂團中的一個而已，
不過他們演唱的是自己創作的歌曲。
那倒是很少見。」

「事實上很多樂團説想去東京，然後就去了，
不過最早有所成就的就是他們（GLAY）。
想必是付出了不少努力。」

「東京的四月滿冷的。
北海道的人天氣稍微一冷就開暖爐，
然後只穿著一件T恤，但東京不一樣。」

「在東京，幾乎沒感受到季節的變化，一年就過了。
像這邊，不下雪的話是不穿靴子的，
東京在服裝上倒是滿有季節感的。」

「那時候想還是回北海道好了。
東京也不過是那樣……。」

「會下定決心回來，與其説是工作，
倒不如説是因為在東京的生活吧！」

「函館的魅力在於大小剛好，滿適合生活的。
另外就是像鄉下的這點。
我覺得可以再鄉下一點。
就像人的那種土氣。函館的人就是鄉巴佬啊！
有這樣的自信不是很好嗎？
『對啊，就因為是鄉巴佬，沒辦法。』
這種看開的感覺也不錯呀！」

「喜歡的季節是六月。
常有海風吹著，好像什麼東西就要來臨的感覺。」

北海道

HOKKAIDO IN AUTUMN

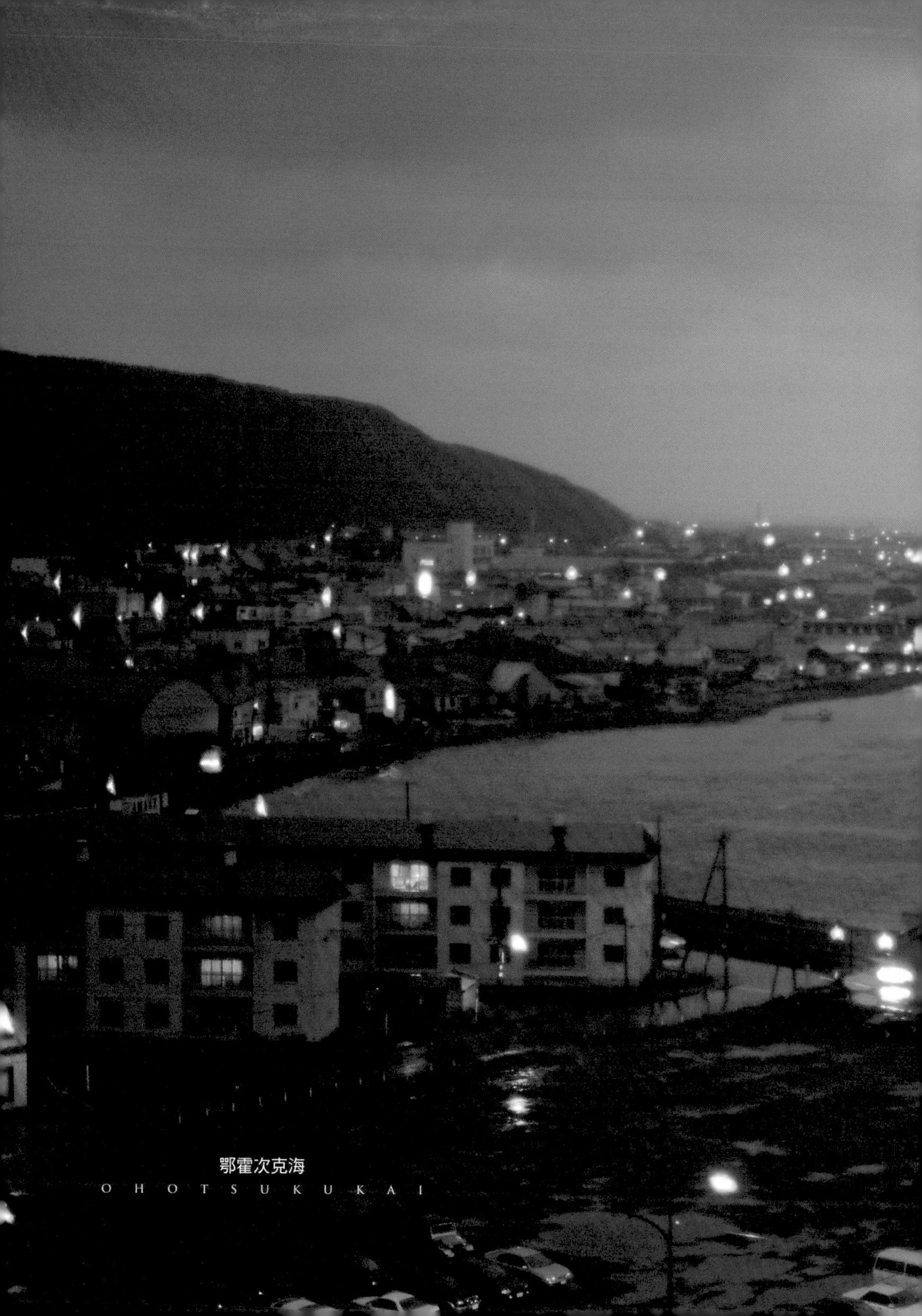

鄂霍次克海

O H O T S U K U K A I

從東京播送出來的電視畫面裡，
年輕播報員說：
「已經到了穿夏季衣服會不好意思的季節了」，
接著播報隔天的天氣預報。
在這裡，夏天早已遠去，連秋天都即將結束了。
與電視那頭總是有著一種不協調感。
轉台到地方新聞，今天也很理所當然般地報著
為了採蕈入山而失蹤的人名與山名。

從札幌前往北見。
坐在隔壁的七十幾歲老太太問我從哪裡來。
之後又問：「要不要吃麻糬？」我拿了一個。
跪坐在座位上的老太太的對面，葉子開始變紅的風景向後流去。
雜樹林、黃色田地、合花楸的紅。
稍遠的座位上，幾個歐巴桑聊著田裡除草的事。
其中一個就這麼橫躺在座位上聊著。
村鎮、土地、人，呈現一種絕妙的模樣。

在中途的車站換車。
所有的人都身處在泰半已沉入黑暗、冷透徹骨的空氣中。
在月台上朝著軌道的方向排成了一列。
沒有人說話，只有吐出的氣化成一片白，飄浮著。
剪票口另一端擦皮鞋的老伯縮成一團蹲著。
等火車的時候，我一直看著他。
不知道右手是不是受了傷，纏著繃帶。
指尖正點著零錢。
沒多久，遠處傳來平交道號誌燈的鏘鏘聲。

大貫小百合

Sayuri Ōunuki 30歲

「雖然是石川縣的金澤出身，但對北海道一直有著憧憬。
24歲第一次來這裡。在金澤時的工作是手繪加賀友禪。」

「以前讀過的小說裡有騎摩托車旅行的人的情節。那時剛好我想離開（金澤）。」

「為了想好好學畫，進了札幌的繪畫專業學校。
白天在工地打工當警衛，上了兩年課。
只要是在做喜歡的事情，就不會覺得辛苦了吧！」

「我想去祕魯。從中學的時候就想去，還寫在畢業紀念冊上。
明年一定成行。真的。」

「在北海道旅行時，在二世谷有人跟我說，『住在自己喜歡的地方比較好喔』。
所以我又回到了二世谷。因為羊蹄山可以看得很清楚，我愛上那景色了。」

「想說如果找到喜歡的地方就開始工作，
所以回二世谷後在山莊小屋工作過一陣子。」

中村千鶴

Chizuru Nokamura 25歲 釀酒師

「目標是釀出日本最好喝的啤酒。」

「每年會釀一次從頭到尾只靠自己的試作啤酒。
聽到別人說『好喝』是最大的鼓勵。」

「也許有點誇張，但對我來說釀啤酒，
感覺像是自己的立身之處，是個實實在在的立身之處。
有種身為社會一分子的自己是為此而存在的感覺。」

「在這裡，我喜歡的季節是秋天。因為是色彩最漂亮的季節。」

「這裡還會看到教訓別人小孩的情形，而且是握緊拳頭發怒。」

熊谷敬行

Takayuki Kumagai 26歲（左）

「嚴冬時（俄國人）都戴著皮草帽走在路上。」

「因為曾在內陸地區工作過一陣子，
比較起來，稚內給人感覺溫暖的人比較多。
整體來看，這邊的人比較有人情味。」

「除了偶而會有流冰，這裡什麼都沒有。
不過海產要吃多少有多少，這點比什麼都好呢！」

谷雅樹

Masaki Tani 26歲（右）

「稚內除了冷還是冷。
夏天只要一超過攝氏25度就讓人覺得熱得快受不了。
要是去內陸地區，我們一定會完蛋。」

「風雪交加的時候很辛苦呢！
有時積雪會積到一公尺厚，那時候可痛苦了。
不過這也變得理所當然。大概是習慣了吧！」

「很多俄國人來這裡。
但今天是星期六，所以沒有人。
平常市區內都是俄國人。」

來到札幌，季節明顯變了。街上已經是仲秋，加上又寬又直的道路，與日本其他城市不同，讓人留下深刻的印象。好些樹木的葉色已變，風也冷冽，加上人們的服裝，都讓人預感到冬天已經不遠。

在這個城市，我與一位旅行時在尼泊爾的波卡拉（Pokhara）結識的朋友大貫小百合碰面。她在石川縣的金澤出生長大，因為騎摩托車到北海道旅行，之後便移居此處。現在已經在這裡結婚、生活。

上次碰面，是大約兩年前在東京的事。

睽違已久的她跟以前比起來，並沒有太大的改變。

我們走到大通公園，進了附近的咖啡廳，聽她講了一段之前從未說過、關於她自己的故事。在她身後，玻璃牆的另一邊，緩緩消逝的時間中有人影與公園向晚的景色。

我先問她，為什麼六年前會突然從金澤移居到跟自己毫無因緣也沒有瓜葛的北海道。

「我從以前就很嚮往北海道，但一直沒有辦法實際行動、搬來這裡。有一次讀了一本騎摩托車旅行的人的小說，裡頭有一段寫著，希望自己能有一段以後可以講給小孩聽的人生。這跟當時好像可以預見自己人生的心情重疊……。過了四年，終於成行了。」

那時候她花了四個月在北海道旅行，一邊盤算著，如果可以，想找個地方工作。結果她喜歡上住的旅館，加上那邊能夠望見羊蹄山，於是就在一個叫二世谷的城市的旅館開始工作。然後聽喜歡旅行的老闆說起尼泊爾的事情，燃起了興趣的她便出發前往尼泊爾。我就是在尼泊爾遇到她的。聽到這段過程，覺得人與人的相遇真像是奇蹟一般，卻又那麼必然。

大約在尼泊爾旅行一個月後，她又回到了北海道。第二年的四月開始，為了晚上到繪畫的專業學校上課，白天一邊工作。

她曾給我看過一幅油畫，說是在那學校上課時畫的。以藍色為基調的狂亂的海。我問了關於那幅畫的事。

「那時候老是畫風景。我想那時畫的是野付（譯註：野付半島屬於北海道別海町與標津町）的海。」

接著又說：「我沒辦法畫人，總覺得害怕。在尼泊爾認識的時候，你不是說想拍人像嗎？我一定沒辦法拍。」

我已經不記得自己說過那樣的話。

接著，她提到一位我在尼泊爾拍下的、已經亡故的青年。我曾拿那張照片給她看過。

「我想畫一張他的像，跟那張照片同樣構圖的。」

她這麼說。在未來的某一天，說沒辦法畫人像的她唯一的人物畫，不知是否會完成？

昔日的「旅行」毫無疑問已經遠去。但像是為了確認什麼似的，我們好長一段時間都在談著那段絕對不會老去的日子。

「明年想去秘魯看看。那是從小學時就有的夢想。」

最後，她這麼說。

從札幌經由旭川，搭火車往北見。地圖上看起來覺得很近的城鎮，事實上有段不短的距離。這是在北海道行進時所感覺到的。奔馳在黑暗中的火車，途中突然緊急煞車停了下來。車內傳來「現因撞上蝦夷鹿，請旅客稍候」的廣播聲。但是，八分鐘後，好像什麼事都沒發生過一般，火車又再度在黑暗中疾馳。

在北見這小鎮，我跟一位女性碰了面。她是在生產地方啤酒「鄂霍次克啤酒」的公司擔任釀酒師的中村千鶴。

她在札幌的大學修發酵工學，畢業後兩年半前在故鄉開始這份學以致用的工作。

「一直釀不出想要的味道。真的很難。」

問她釀啤酒時什麼最難？她馬上這樣回答。據說這是準備過程中微妙的溫度差異所造成的。

在我們面對面坐著的桌子遠處，並排著三座畫著曲線、釀造啤酒用的鍋爐。可以喝到現釀啤酒的餐廳就在工廠隔壁，之間只有用一面巨大玻璃隔開。

「因為可以直接知道客人的反應，所以會緊張。」

她向我說明啤酒釀造的過程。那過程很複雜，並不容易理解。

「地方啤酒的好處在於可以視情況變化。不但能釀出自己喜歡的口味，也可以釀出客人喜歡的口味。」

她說這在大啤酒公司根本不可能。每年一次，她會試著挑戰從頭到尾都自己釀造的

快四年前嚴冬中的某一天，我第一次來到這城市。
爺爺也在那天過世。
有一天，同是攝影師的學生時代朋友打電話給我，
「我忙不過來，麻煩替我到稚內拍照。」
那時候我沒什麼工作，挺閒的，
所以就決定前往他說的稚內。
出發當天，一早正要準備出門去羽田機場時，電話響了。
「爺爺過世了。」是老家母親打來的。
我想無論如何得回去一趟。
但是我最後並沒有往老家的長野，而去了稚內。
如果是自己接的工作，或許會取消，
但因為是代替朋友，清楚地有種不得不去的責任感。
同時截稿日期迫在眉睫，攝影一結束就必須馬上回東京。
在千歲機場為了要轉機，被小巴士載到跑道邊。
雪下得很大。那裡停著像玩具般的螺旋槳飛機。
「真像是要去西伯利亞吶」心裡這麼想。
起飛之後，螺旋槳的聲音太大，人說什麼都聽不到。
而且因為震動，窗玻璃持續細細碎碎地顫晃著。
因為行李太多，沒辦法放上行李架，重重的相機背包就一直抱在膝蓋上。

抵達稚內之後，搭巴士到市區內。
心想得先發一封弔唁電報。雖然住的地方還沒決定，總之先去郵局。
白雪覆蓋整座城市，道路、房子、紅綠燈、酒店招牌都在雪的下面。
突然覺得自己真的是來到了很遠的地方。
到達好不容易找到的郵局，
「我想發封電報。」
「發電報不是在郵局，是在電信局喔！」得到這樣的回答。

太陽下山後，終於在車站後面找到商務旅館投宿。
只有石油暖爐的寒冷房間。
有個強烈的念頭：
「真不應該在這種時候、像這樣地待在這種地方啊！」
雖然這麼想，但也就是想而已；
這念頭像自己吐出的白色水氣一樣，朝天花板飄去，然後就消失了。
被燻髒的天花板、沒燈罩的電燈泡、黃色碎花圖案的窗簾、
有被香菸燒焦痕跡的毯子、剝落的木貼皮牆壁環繞，
我想著爺爺。
又再想起，從母親那裡聽到過好幾次，
爺爺在年輕的時候，一到冬天就來北海道好幾個月推銷鋸子的事。
是不是好幾十年前，爺爺也在這種地方的這種房間裡，像這樣看著天花板
想著遙遠的小鎮、人，以及家人、自己的事呢？
也許他曾在這家老旅館的房間裡看著這片天花板——
像是要矇混掩飾什麼似的，想了好一會兒
應該不可能會有的事情。

過了四年，再度造訪這個地方，印象有點不同。
或許是季節不一樣、加上沒有雪的緣故。
從海邊吹來的風真的很強，聽說也是因為這樣，才沒種什麼高大的樹。
在小雨中往海邊走去。風強到幾乎沒辦法撐傘。
站在水泥防波堤上。
沒有任何人，什麼也沒有，
繼續望著，結果是恐怖到讓人打從心底發抖的顏色暗沉的海。
這趟旅行就這樣結束了。季節恰好一個循環。
從東海開始的這趟旅行，
現在碰上了鄂霍次克海，
正好結束了。

一年前從沖繩開始的旅行，在抵達北海道的稚內結束。然後現在，我再度回到出發地，也是平日度過最多時間的東京。

從沖繩到北海道，算一算，這趟旅行我持續地在大約七十間商務旅館的四方形小空間之中，一點一點地往北移動。旅行裡有許多時間在那些空間裡度過。帶著點寒氣、除最基本必需品外一概沒有、長得十分相似的長方形房間。我喜歡在那狹長床鋪上發呆的時間。所以，即使在東京，我也同樣地在旅館的一間房間裡過了幾天。

那是間位於隅田川河畔高層大廈上的旅館。窗外看得見河；河左側是彩虹大橋、有明海埔新生地上的幾棟簇新建築。把視線移到右側，可以望見矇朧暮靄中的銀座、霞之關，以及遠處的新宿摩天建築群。

一直呆望著窗外風景。垂直的立方體無窮無盡。大部分的日子都是在

這城市度過，但看著由此望出去的風景，卻越來越覺得自己像是身處在完全陌生的城市裡。在三十七樓的高度，底下人們的身影無法映入眼簾。只見車子一閃一爍地移動著。

想起整整一年前在沖繩遇見的風景。搭船從石垣島到那霸。早上一醒來，帶著綠的海就在眼前。遠方有幾處島影。在不知道是什麼島、不知道是否有人住的情況下，我按下了快門。那是我這趟旅行中最初的日本風景。

現在，窗外展開著此行最後的風景。與其說對照之下差距極大，不如說很難想像是同一國家同一時代的風景。有時，呈現的面貌甚至有急劇的差異。

帶著相機從旅館往東京市街走去，這城市已不再是平日見慣的模樣了。

從築地往銀座方向走，遇到了幾年

不見的友人。又是一場不可思議的重逢，這讓我覺得好像還身在旅途中。

這座城市的顏色是什麼呢？每次造訪新的城市，我都會想，這地方是什麼樣的顏色呢？我對沖繩的印象是深綠色，九州是黃色，東北的印象是藍色的。就像這樣，若要用一個顏色來比喻東京的景物，會是什麼顏色呢？邊想著邊按下了快門——但這實在是件十分困難的事情，腦中一個顏色都沒浮現。

雖然覺得好像只有灰色的形容最貼切，但又不免覺得這顏色會瞬間變紅、會變白、會變黑。那景象無法立刻浮現於眼前。

在旅行剛開始的時候，有個很強烈的念頭，那就是離開這裡，到某處去。這個從自己還是鄉下高中生時就一直存在的想法，經過從南到北旅行了一趟、回到東京之後，依然沒有消失。

還有一個不會消失的東西仍然存在，那就是從旅途中遇到的人那裡聽來的話。這些平常人再自然不過的話語，有時充滿了力量、有時曖昧、有時是無法化成語言的沉默。我非常喜歡從想法變成語言到嘴邊出來、帶點猶豫的那一瞬間。

季節剛好過了一個循環。從烏雲密佈的東海出發一年後，現在是這樣呆望著東京灣。旅行也走過了一遭。到底抵達了哪裡？站在身後的又是誰呢？

若回頭一望，那裡站著的正是自己吧？

後記

本書以一九九七年二月起在《*MEN'S NON-NO*》月刊連載一年的內容為主，再增補、重新編輯而成。

連載開始的幾個月前，我正在亞洲旅行。在旅程最後，突然想試著從台灣搭船回日本，便到了沖繩，那時的印象就是本書旅行的原點。感覺日本十分新鮮，強烈地想這樣繼續往北旅行；所以，這趟旅行可說是亞洲之旅的延長。不過，日本當然跟亞洲有很大的不同。旅行在四季中平穩地進行。

途中遇到了許多人。從出發之後已過了一年以上，有些人的現況或環境已有變化。有人去了國外，有人結了婚等。我想，這樣的變化一定也能稱為旅行。

最後，我要由衷感謝爽快允諾我拍照、以及與我談話的所有人，還有提供這次旅行機會的《*MEN'S NON-NO*》編輯部的畑江貴子小姐、宮脇純先生；本書在整理之際得到了村田登志江小姐、設計師藤村雅史先生的協助，謹在此向他們表達感謝之意。

一九九八年夏於東京

小林紀晴

日本之路/小林紀晴 作；江明玉 譯
–初版. -- 臺北市：大鴻藝術, 2015.2
264面；16×21公分 --（藝 創作；9）
譯自：ジャパニーズ.ロード
ISBN978-986-91115-0-8（平裝）
1.遊記 2.日本

731.9 103019033

藝創作009

日本之路

ジャパニーズ・ロード

撰文攝影 —— 小林紀晴
譯　　者 —— 江明玉
責任編輯 —— 賴譽夫
編輯協力 —— 王筱玲、王淑儀
設計排版 —— 蔡南昇、周世旻

主　　編 —— 賴譽夫
行銷企劃 —— 柯若竹
公　　關 —— 羅家芳
發 行 人 —— 江明玉

出 版、發 行｜大鴻藝術股份有限公司　大藝出版事業部
台北市103大同區鄭州路87號11樓之2
電話：(02) 2559-0510　傳真：(02) 2559-0502
E-mail：service @ abigart.com

總 經 銷｜高寶書版集團
台北市114內湖區洲子街88號3F
電話：(02) 2799-2788　傳真：(02) 2799-0909

印　　刷｜韋懋實業有限公司
新北市235中和區立德街11號4樓
電話：(02) 2225-1132

2015年2月初版　Printed in Taiwan
定價380元　ISBN 978-986-91115-0-8

Japanese Road
Text and Photots 1997 by Kiesei Kobayashi
First published in Japan in 1997 by SHUEISHA Inc., Tokyo
Complex Chinese Character translation rights arranged with SHUEISHA Inc. through Owls Agency Inc., Tokyo

最新大藝出版書籍相關訊息與意見流通，請加入Facebook粉絲頁
http://www.facebook.com/abigartpress